W0305285

Rund um den Achensee

Siegfried Garnweidner

Karten-
Legende
auf den
Umschlag-
klappen

KOMPASS

Wanderführer

KOMPASS INFO

Die GPS-Tracks zum Download unserer Touren finden Sie kostenlos unter www.kompass.at/gpstracks/achensee

Impressum

© 2013 KOMPASS-Karten, A-6020 Innsbruck (13.02)

2. Auflage 2013 Verlagsnummer 5614 ISBN 978-3-85026-231-6

Text, Fotografie und grafische Herstellung: Siegfried Garnweidner
Bildnachweis: Alle Bilder außer das Bild auf S. 4/5 stammen vom Autor
Titelbild: Die Gaisalm am Achensee mit dem Bärenkopf im Hintergrund
Bild S. 4/5: Ausblick auf den Achensee, Pertisau vom Zwölferkopf (Raymond Thill © www.fotolia.de); Bild S. 6/7: Der Gramaier Grund mit der Lamsenspitze im Frühling; Bild S. 10/11: Deutscher Kranzenzian auf dem Ochsenkopf

Wanderkartenausschnitte: KOMPASS Karten GmbH

Alle Angaben und Routenbeschreibungen wurden nach bestem Wissen gemäß unserer derzeitigen Informationslage gemacht. Die Wanderungen wurden sehr sorgfältig ausgewählt und beschrieben, Schwierigkeiten werden im Text kurz angegeben. Es können jedoch Änderungen an Wegen und im aktuellen Naturzustand eintreten. Wanderer und alle Kartenbenützer müssen darauf achten, dass aufgrund ständiger Veränderungen die Wegzustände bezüglich Begehbarkeit sich nicht mit den Angaben in der Karte decken müssen. Bei der großen Fülle des bearbeiteten Materials sind daher vereinzelte Fehler und Unstimmigkeiten nicht vermeidbar. Die Verwendung dieses Führers erfolgt ausschließlich auf eigenes Risiko und auf eigene Gefahr, somit eigenverantwortlich. Eine Haftung für etwaige Unfälle oder Schäden jeder Art wird daher nicht übernommen. Für Berichtigungen und Verbesserungsvorschläge ist die Redaktion stets dankbar. Korrekturhinweise bitte an folgende Anschrift:

KOMPASS-Karten GmbH, Karl-Kapferer-Straße 5, 6020 Innsbruck, Österreich

Siegfried Garnweidner

hat sich ganz den Bergen verschrieben, die er zu allen Jahreszeiten mit Tourenski, Mountainbike und Wanderstiefeln besucht. Er ist Autor von mehr als 40 Bergbüchern und fotografiert mit großer Begeisterung die Bergwelt. Im KOMPASS-Verlag sind von ihm außerdem folgende Wanderführer und Wander-Atlanten erschienen: Karwendel (907), Rund um die Zugspitze (5426), Ammergauer Alpen (930), München Ost (5434), Harzer Hexenstieg (1047), Allgäu (588), Chiemgau, Berchtesgadener Land (594), Rund um München (595) und der Große Skitouren-Atlas Bayerische Alpen, Nordtirol (581)

Vorwort

Eingeklemmt zwischen den schroffen Bergen des Rofangebirges und dem markanten Karwendel liegt wie ein langgezogener Fjord der Achensee, der von einem Freizeit- und Erholungsgebiet ersten Ranges umgeben ist.

Das Rofangebirge mit seinen steilen Wänden und scharf geschnittenen Felsen ist ein besonders beliebtes Gebirge und man kann abseits der viel begangenen Touristenwege erstaunlich einsame Bergwanderziele finden.

Das Gebiet dieses Wanderführers umfasst neben dem Rofangebirge auch das Karwendel-Vorgebirge, das hauptsächlich von relativ einfach zu besteigenden Berggestalten geprägt wird und wie geschaffen für Wanderer und Spaziergänger ist. Wer höher hinaus will und alpine Herausforderungen sucht, wird auch Anregungen für spannende Bergtouren im wilden Karwendelgebirge finden. Zur Abrundung werden noch einige bescheidene, überraschend einsame Bergtouren in den Brandenberger Alpen und den nördlichen Randgebieten des Rofans vorgestellt. Kurzum, es ist für jeden etwas geboten.
Allen Bergfreunden, die sich in den Bergen rund um den Achensee erholen wollen, wünsche ich viel Spaß, eindrucksvolle Erlebnisse und stets eine gesunde Rückkehr.

Ihr Siegfried Garnweidner

Panoramablick auf Tirols Fjord der Alpen

Glanzlichter am Achensee

Inhalt

Länge (in Kilometern)	Höhenmeter Aufstieg	Höhenmeter Abstieg	Parkplatz	öffentliche Verkehrsmittel	Aufstiegshilfe	Abstiegshilfe	Einkehr	Übernachtungsmöglichkeit	Gipfel	Trittsicherheit und Schwindelfreiheit erforderlich	kinderwagentauglich	kinderfreundlich	fahrradtauglich	kulturelle Highlights	Klettersteig	Bademöglichkeit	mit Panoramablick	Rundtour
11,9	700	700	●	●	–	–	–	–	●	–	–	–	–	–	–	–	○	–
15,1	1140	1140	●	●	–	–	●	–	●	–	–	–	○	–	–	–	●	–
13,9	860	860	●	●	–	–	●	–	●	–	–	–	–	–	–	–	○	●
11,7	1000	1000	●	●	–	–	●	–	●	–	–	●	–	–	–	–	●	–
13,8	1000	1000	●	●	–	–	–	–	●	●	–	–	○	–	●	–	●	–
10,9	860	860	●	●	–	–	●	–	●	○	–	–	–	–	–	–	●	●
16,3	1200	1200	●	●	–	–	●	–	●	●	–	–	–	–	●	–	●	●
8,6	200	200	●	●	–	–	●	–	–	○	–	●	–	–	–	●	–	–
11	730	730	●	●	–	–	●	–	●	–	–	●	○	–	–	–	●	●
14,2	1200	1200	●	●	●	●	●	–	●	○	–	●	–	–	–	●	●	●
15,5	1310	1310	○	–	–	–	●	–	●	○	–	–	–	–	–	–	●	●
12,7	1150	1150	●	–	–	–	●	●	●	●	–	–	–	–	●	–	●	●
11,3	1255	1255	●	–	–	–	●	●	●	●	–	–	–	–	●	–	●	○
10,2	1200	1200	●	–	–	–	●	●	●	○	–	–	–	–	●	–	●	–
13,5	1260	1260	●	–	–	–	●	–	●	●	–	–	–	–	–	–	●	●
8,3	650	650	○	●	–	–	–	–	●	○	–	–	–	–	–	–	●	–
14,6	1000	1000	●	●	–	–	–	–	●	●	–	–	○	●	–	–	●	●
11,5	1270	1270	●	●	–	–	●	–	●	●	–	–	–	–	●	–	●	●
14	1350	1350	●	●	–	–	●	–	●	●	–	–	–	–	–	–	●	●
8,3	770	770	●	●	–	–	●	–	●	–	–	●	○	–	–	–	○	●
18,8	1400	1400	●	●	●	●	●	●	●	●	–	–	–	–	●	–	●	○
8,5	1100	1100	●	●	–	–	●	–	●	○	–	–	–	–	–	–	●	●

● Schwierigkeitsgrad ● Ja ○ Bedingt – Nein

Inhalt

Länge (in Kilometern)	Höhenmeter Aufstieg	Höhenmeter Abstieg	Parkplatz	öffentliche Verkehrsmittel	Aufstiegshilfe	Abstiegshilfe	Einkehr	Übernachtungsmöglichkeit	Gipfel	Trittsicherheit und Schwindelfreiheit erforderlich	kinderwagentauglich	kinderfreundlich	fahrradtauglich	kulturelle Highlights	Klettersteig	Bademöglichkeit	mit Panoramablick	Rundtour
13,2	1550	1550	●	●	●	●	●	●	●	●	–	–	–	–	●	–	●	●
9,2	1060	1060	●	●	●	●	●	●	●	–	–	●	–	–	–	–	●	○
13,5	1250	1250	●	●	●	●	●	●	●	●	–	–	–	–	●	–	●	●
10,6	1000	1000	●	●	–	–	●	–	●	○	–	●	–	–	–	–	●	●
17,6	950	950	●	–	–	–	●	–	●	○	–	–	○	●	–	●	●	○
9,75	980	980	●	●	–	–	–	–	●	–	–	–	–	–	–	–	●	●
9,5	800	800	●	–	–	–	●	–	●	–	–	●	–	–	–	–	●	●
15,7	1100	1100	○	–	–	–	●	–	●	○	–	–	–	●	●	–	●	●

● Schwierigkeitsgrad ● Ja ○ Bedingt – Nein

Am Achensee

Still schimmert das bläulich-grüne Wasser und plätschert, bewegt durch eine leichte Brise, an schroffe Uferfelsen. Steil steigt das steinige Ufer an, schwingt sich in ungeahnte Felsenhöhen auf, über denen der purpurne Himmel strahlt. Hoch oben kreist der Adler und hält mit scharfem Blick nach seinem Frühstück Ausschau. Es ist früh am Morgen. Noch sind keine Leute unterwegs und die Buchten sind einsam. Niemand bewegt sich in dieser sommerlichen Bergidylle. Nur ein paar kleine Fischerboote schaukeln auf dem See.

Wer meint, dieses Stimmungsbild stammt aus irgend einer verschwiegenen Mittelmeergegend, irrt sich. Die Idylle liegt auch nicht an einem norwegischen Fjord, selbst wenn es auf den ersten Blick so aussieht, denn zu beiden Seiten des langgezogenen Gewässers steigen steile Berge an. Das Wasser ist nicht salzig. Wir sind mitten in Tirol, am Achensee.

Die Gegend um Tirols größten See, den Achensee, der von stillen Dörfern und lebendigen Tourismusorten umgeben ist, ist ein alpiner Ferienplatz von besonderer Beliebtheit. Zu allen Jahreszeiten finden Bergaktivisten und Urlauber dort ein reichhaltiges Angebot für Erholung, Sport und Kultur.

Die Bergreviere rund um den Achensee führen für jeden Gusto etwas im alpinen Angebot. Da sind einmal die felsigen Gipfelhöhen des Karwendels, das direkt vom Achensee ansteigt und neben leichten und anspruchsvollen Wanderrouten auch noch dem wagemutigen Kletterer die felsige Stirn bietet. Das seilbahnerschlossene Rofangebirge ermöglicht nach kurzer Auffahrt zur Erfurter Hütte eine Fülle von beliebten Bergtouren. Und es gibt gemütliche Talwanderungen mit zünftigen Einkehrmöglichkeiten, beispielsweise im Falzturn- oder Gerntal, die beide von Pertisau erreichbar sind, oder die eindrucksvolle Wanderung unter Seeberg- und Seekarspitze, dem Seeufer entlang.

Und wer es mit den Bergen nicht so hat, der kann im Achensee baden oder surfen, mit dem Schiff eine schöne Seerundfahrt machen oder auf die alte Dampfeisenbahn umsteigen und eine nostalgische Reise ins Inntal unternehmen.

Links: Schwalbenschwanzfalter.
Rechts: Herbstliches Pertisau.

Talorte

Steinberg am Rofan
1007 m. Am Nordrand des Rofangebirges, eingeklemmt zwischen den mächtigen Bergmassiven des Gufferts und des Unnutz, liegt das kleine Erholungsdorf Steinberg am Rofan. Besonders schön sind dort die zu allen Jahreszeiten organisierten Ausritte. Aber auch das Fischen in den kristallklaren Bergbächen erfreut sich stetiger Beliebtheit.

Wer an der Kultur des verschlafenen Ortes interessiert ist, sollte der Pfarrkirche einen Besuch abstatten. Sie wurde im Jahr 1188 erstmals urkundlich erwähnt. 1434 ist sie im spätgotischen Stil neu gebaut und im 18. Jh. barockisiert worden. Besondere Beachtung verdienen die im 17. Jh. aus Zirbenholz geschnitzte Personifizierung der heiligen Dreifaltigkeit und das bei der letzten Renovierung im Presbyterium freigelegte Fresko aus dem 16. Jh., das Moses mit den Israeliten darstellt.
Tourismusverband Achensee
Tel. 0043(0)5246/5300
www.achensee.info

Das Achental
(Achental, Achenkirch, Achensee, Buchau, Pertisau, Maurach, Jenbach, Eben)

Das Achental ist geprägt vom größten und zugleich eigentümlichsten See Tirols. Besonders schön kann man das am Westufer des Sees erleben. Doch ist das Tal weitaus größer als der lang gezogene See. Es beginnt an der Staats-

Eine glückliche Karwendel-Gams.

grenze in **Achental**. Weiter im Süden liegt am Nordufer des Sees die flächenmäßig sehr ausgedehnte Gemeinde **Achenkirch**, die durch das Skigebiet am Christlumkopf bekannt ist. Wer es extravagant mag, kann im größten österreichischen Lipizzanergestüt auf einem weißen Paradepferd ausreiten. Dabei wird er das Annakircherl auf einem Hügel gegenüber der Pfarrkirche nicht übersehen können. Es wurde 1670 erbaut und birgt als besonderen Schatz ein Altarbild aus der Mitte des 18. Jh., das in bäuerlichem Stil geschnitzt ist und die heiligen 12 Apostel zeigt. Eine weitere Attraktion in Achenkirch ist das Heimatmuseum Sixenhof. In dem typischen Tiroler Einhof kann man gute Eindrücke über die bäuerliche Lebensart gewinnen. Unmittelbar am Seeufer liegt die Ortschaft **Achensee** mit zahlreichen Ausflugsgaststätten. Dort legt auch das Achenseeschiff an und dort beginnt die spannende Achenseeuferwanderung (Tour 8). Am Südwestrand des malerischen Sees liegt der Ferienort **Pertisau**.

Am Südrand des Achentals liegen die Touristenorte **Buchau** und **Maurac.** Der Besuch der Notburga-Kirche in Maurach gehört zum Pflichtprogramm. Sie geht auf ein Kirchlein aus dem 9. Jh. zurück, das im Jahre 1434 erweitert, der Regional-Heiligen Notburga geweiht worden ist und heute zu den eindrucksvollsten Barockwerken Tirols zählt. In ihr werden die Reliquien der Heiligen Notburga aufbewahrt. Ein kleiner Ausflug nach **Jenbach** in das Museum der nostalgischen Achensee-Zahnradbahn lohnt sich besonders an Schlechtwettertagen und natürlich fährt man mit der Zahnradbahn. Südlichster Ort ist das verträumt gebliebene **Eben** mit seiner schmucken Kirche.

Tourismusverband Achensee
Tel. 0043(0)5246/5300
www.achensee.info

Brandenberg

919 m. Brandenberg ist bekannt für die Holztrift an der Brandenberger Ache. Sie wurde um das Jahr 1415 eingeführt und dauerte bis 1966. Wegen dieser Holztrift wurden die Kaiserklamm und die Tiefenbachklamm spektakulär ausgebaut. Wanderungen durch diese Schluchten sind (auch bei schlechtem Wetter) besonders lohnend. Bei der Erzherzog-Johann-Klause steht heute noch eine relativ moderne Triftklause. Mit ihr wurde das Wasser aufgestaut, damit es in einem Schwall zum Transport des Holzes abgelassen werden konnte. Brandenberg müsste selbst der Britischen Königin ein Begriff sein. Denn sie hat schon (wie der Papst und ein Deutscher Bundeskanzler) die besondere Spezialität des Ortes genossen, die Prügeltorte. Vornehme Menschen sagen dazu Baumkuchen. Nicht nur wenn das Wetter schlecht ist lohnt es sich, die St. Georgskirche zu besuchen, die im 16. Jh. erbaut und – wie die meis-

Brandenberg.

Die Köglalm in den Thierseer Bergen.

ten Tiroler Kirchen – später barockisiert worden ist.
Alpbachtal Seenland Tourismus
Informationsbüro Brandenberg
Tel. 0043(0)5336/600600
www.tiscover.com/brandenberg

Thierseetal
Seinen Namen verdankt das Tal dem Thiersee. In der letzten Eiszeit wurde er vom riesigen Inngletscher ausgeschoben und von einer Moräne aufgestaut. Mit 13 Metern ist der 26 Hektar große See nicht sehr tief, weshalb er sich im Hochsommer schnell so stark erwärmt, dass er als Badesee beliebt ist. Genauso rasch friert er im Winter zu und wird gerne als Eislaufplatz genützt.

Alpines Notsignal

Hilfe
6-mal pro Min. ein gleichmäßiges sichtbares oder hörbares Signal – 1 Min. Pause – Wiederholung. Antwort: 3-mal pro Minute gleicher Vorgang.

Der See, im 13. Jh. erstmals urkundlich aufgeführt, wird wegen seines Fischreichtums geschätzt. Das Tal liegt so geschützt, dass – alten Urkunden (1224) zufolge – sogar Wein angebaut werden konnte. Trotzdem wurde es immer wieder von Naturkatastrophen heimgesucht. Meist waren es Unwetter mit Überschwemmungen, Orkanstürme und Muren, die verheerende Schäden angerichtet hatten.

Während kriegerischer Auseinandersetzungen zwischen Frankreich und Tirol brannte 1704 der ganze Ort nieder. Unter diesem Eindruck gelobten Thierseer Bauern bei blutigen Zusammenstößen zwischen Österreich und Frankreich, in der Fastenzeit die Passion Christi vor der Dorfkirche aufzuführen. Dieses Gelöbnis wird noch heute mit den Passionsspielen im Festspielhaus mit über 200 Mitwirkenden eingehalten. Sie finden seit 1855 nur noch alle 10 Jahre statt. Aber auch in der Zwischenzeit sind die Thierseer sehr dem Schauspiel zugetan, dabei kommt dem Volkstheater die Fülle von Sagen und

Mythen zugute, die die raue Bergwelt und die Fantasie der Bevölkerung erschaffen haben.
Tourismusverband
Ferienland Kufstein
Tel. 0043(0)5372/62207
www.tiscover.com/thiersee

Ausrüstung
Im Gebirge muss man für jedes Wetter gerüstet sein. Leichte Sommerkleidung für strapaziöse Anstiege auf steilen Sonnenhängen, also kurze Hosen und ein luftiges T-Shirt (noch eins zum Wechseln) und Sonnenschutz für den Kopf, gehören ebenso dazu wie warme Kleidung bestehend aus langer Überhose, Fleece-Jacke oder Pullover, Handschuhe, warmer Mütze und funktioneller Regenbekleidung. Besonders wichtig ist natürlich festes Schuhwerk mit griffiger Profilsohle. Empfehlenswert sind auch Wanderstöcke.

Proviant (vor allem ausreichend Getränke) braucht man freilich auch, selbst wenn auf der Route Jausenstationen, Berggasthäuser und Hütten stehen. Für die Sicherheit sollten im Gepäck eine Rucksackapotheke mit Rettungsdecke und ein Handy sein.

Selbstverständlich darf eine gute Karte nicht fehlen. Für die beschriebenen Routen sind dies die KOMPASS-Wanderkarten Nr. 8, 26, 28 und 182. Für die verwegeneren Routen durch wegloses Gelände helfen Kompass und Höhenmesser oder – noch besser – ein GPS-Gerät bei der Standortbestimmung. Für die besonders langen Touren braucht man – besonders im Herbst, wenn die Tage kurz sind – auch eine Stirnlampe und zur Vorsicht einen Biwaksack.

Telefonnummern und Internetadressen

Alpine Auskunftstellen
Österreichischer Alpenverein
Tel. 0043-(0)512/281600
www.alpenverein.at
www.alpine-auskunft.com

Wetter
Tel. 0043(0)0900911566-80
Tel. 0043 0)512 291600
www.alpenverein.at
www.zamg.at

Bergrettung
Europäischer Notruf
(auch vom Handy) 112
Bergrettung 140

KOMPASS Karten
www.kompass.at

Das Annakircherl in Achenkirch;
im Hintergrund der Schulterberg.

Tourenübersicht

Seite

Gipfel mit möglicher Bergbahnunterstützung

Für Kinder geeignete Touren

Touren mit Übernachtungs- oder Einkehrmöglichkeit

Einmaliger Karwendelblick von der Zunderspitze.

Die schönsten Touren

Legende

- Kilometerangabe
- Höhenmeter (Auf- und Abstieg)
- Gehzeit
- Für Kinder geeignet
- Einkehrmöglichkeit
- Bergbahn/Gondel
- Sessellift
- Wichtige Information
- KOMPASS Highlight

Die GPS-Tracks zum Download unserer Touren finden Sie kostenlos unter www.kompass.at/gpstracks/achensee

Kartenlegende auf den Umschlagklappen

Die Kernbereiche des Rofans, die nördlichen Randgebiete und Teile des Karwendel-Vorgebirges sind markante Gebirge mit langen, tief eingeschnittenen Tälern und entsprechend mühsamen Zuwegen. Im Rofan kann man bisweilen gut auf Bergbahnen ausweichen, im Karwendel-Vorgebirge nur bedingt. Dort lassen sich – ebenso wie in den viel harmloseren Brandenberger Alpen – eine ganze Reihe von Touren mit dem Mountainbike erleichtern.

Die Beschreibungen orientieren sich an normalen Bedingungen. Nach schneereichen Wintern und bei harter Altschneelage können sich die Schwierigkeiten der Touren (die bis zum II. Schwierigkeitsgrad der UIAA-Skala reichen) erhöhen. Zu allen Touren können die GPS-Daten im universellen GPX-Format von der Internetseite www.kompass.at heruntergeladen und auf ein GPS-Gerät zur präzisen Navigation im Gelände gespeichert werden. Die in den Höhenprofilen und Beschreibungen angegebenen Gehzeiten gelten für Bergwanderer mit guter Kondition (Bezugspunkt sind 400 m/Std. im Steilgelände).

Schwierigkeitsbewertung

Blau
Diese Wanderungen sind einfach. Sie verlaufen auf Forststraßen oder guten Bergwegen. Etappenweise können sie in einfachem Gelände auch weglos verlaufen. Sie können zwar steil sein, sind aber nicht ausgesetzt und höchstens auf kurzen Stellen felsig. Absturzgefahr besteht normalerweise nicht.

Rot
Bergtouren dieser Art sind von gut trainierten Bergwanderern ohne besondere Vorbereitung zu schaffen. Sie erfordern allerdings bisweilen etwas Trittsicherheit und Schwindelfreiheit. Mitunter verlaufen die Routen auf unmarkierten Etappen, die Orientierungsgabe erfordern.

Schwarz
Bergtouren dieser Kategorie sind anspruchsvoll. Sie eignen sich nur für Bergsteiger mit hervorragender körperlicher Verfassung und erfordern absolute Trittsicherheit und Schwindelfreiheit. Sichere Wetterlage ist zwingende Voraussetzung. Auf Klettersteigen werden Klettersteigsicherung und Steinschlaghelm empfohlen. Die Routen verlaufen zum Teil über längere Strecken in abgeschiedenem, unerschlossenem, weglosem und unmarkiertem Berggelände.

1. Reitstein, 1516 m

Einsamkeit über Achenwald

Ausgangspunkt: Achenwald, 843 m | **Charakter:** teilweise weglose, aber absolut einsame und spannende Bergwanderung; schöne Gipfelaussicht; gute Orientierungsgabe erforderlich; ein echter Geheimtipp! | **Karte:** KOMPASS Nr. 182

Mittel | 11,9 km | 700 hm 700 hm | 3:30 Std.

Vom Eingang ins **Klammbachtal** folgt man der Klammbach-Forststraße gegen Nordosten, geht über den kristallklaren Bach und hält sich bei der Verzweigung gleich hinter der Brücke links. Die Straße führt neben dem Klammbach dahin, folgt jeder Biegung des Bachs und steigt nur sehr gering an, bis sie den Bach wieder nach links quert und sich verzweigt. Dort links auf ein Nebensträßchen einschwenken, das gegen Norden, später Westen ansteigt.

Bevor der Fahrweg in eine weite Lichtung stößt, flacht er deutlich ab und knickt vor einer Hütte rechts ab. Nach der nächsten Kehre steigt er wieder westwärts an, führt an einer Felsenkante vorbei und dreht gegen Norden ab.

Alter Grenzstein auf dem Reitstein.

In einem Bachgraben zweigt nach rechts ein grober, steiler Fahrweg ab. Er verengt sich sehr bald zu einem Ziehweg, dreht links ab und verliert sich im lichten Wald. Nun geht es zwischen zwei Bachgräben weglos und steil durch Buchen-Hochwald gegen Nordosten hinauf, bis schließlich unter dem Sattelkopf die Grathöhe erreicht wird. Auf ihr links halten und in geringem Auf und Ab gegen Nordwesten zum **höchsten Punkt.**

Der Abstieg verläuft entlang der Aufstiegsroute. Man kann den Fahrweg auf 1015 m Höhe nach rechts zu einem Ziehweg verlassen. Er führt fast eben im Wald dahin und endet bald. Ein paar Meter unter ihm verläuft ein weiterer Ziehweg, der lange eben gegen Südwesten dahinführt und

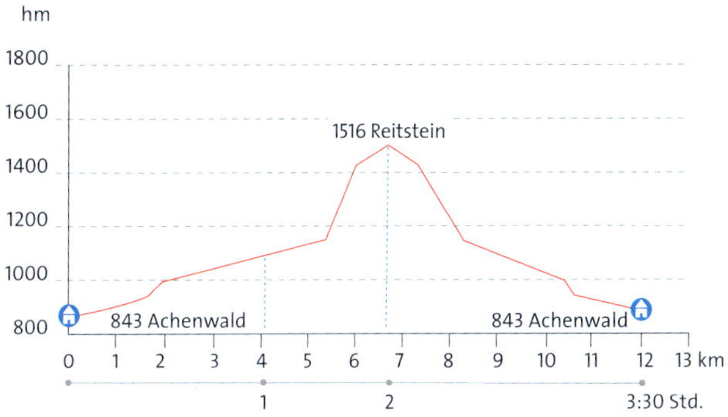

schließlich eine weite Weidewiese erreicht. Über sie stößt man auf die obersten Häuser von Achenwald, von denen ein Asphaltsträßchen zum **Ausgangspunkt** zurückführt.

Gipfelblick vom Reitstein zum Guffert.

KOMPASS

0 350 m

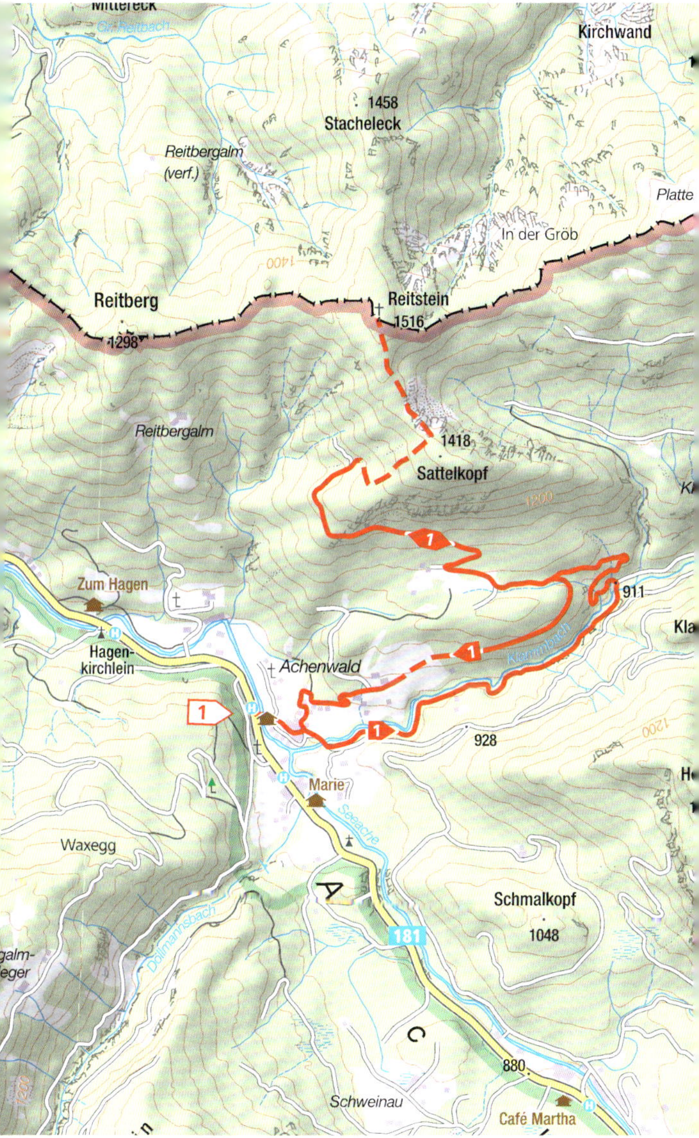
Mittereck
Gr. Reitbach
Kirchwand
1458
Stacheleck
Reitbergalm
(verf.)
Platte
In der Gröb
1400
Reitberg
Reitstein
1516
1298
Reitbergalm
1418
Sattelkopf
1200
1
911
Zum Hagen
Hagen-
kirchlein
Achenwald
Klammbach
1
1
928
1200
Marie
Seeache
Waxegg
Dollmannsbach
Schmalkopf
1048
181
880
Schweinau
Café Martha
1200

1:35000

2. Juifen, 1987 m

Beliebte Aussichtswarte ins Rofan

Ausgangspunkt: Achenkirch, 890 m | **Charakter:** leichte und beliebte Wanderung, die zum Großteil auf Forststraßen verläuft
Einkehr: Café Tirolerland am Ausgangspunkt, Falkenmoosalm
Karte: KOMPASS Nr. 182

Leicht | 15,1 km | 1140 hm 1140 hm | 6 Std.

Am Juifen haben sich die alpinen Straßenerschließer ausgetobt. Von zwei Seiten gibt es Fahrwege bis fast an den Gipfel heran, was die Mountainbiker anlockt. Aber auch für uns Wanderer ist der Juifen interessant, vor allem wegen der beeindruckenden Karwendelschau.

Es gibt neben der Autostraße einen kostenpflichtigen Parkplatz der Gemeinde Achenwald. Umsonst kann man ein paar Meter daneben, vor dem Café Tirolerland parken, wenn man nach der Tour dort einkehrt.

Vom **Café** geht man über einen freien Wiesenhang nach Tiefental hinauf und auf einem Forstweg gegen Südwesten in geringer Steigung dahin, bis sich das Sträßchen verzweigt. Dort geradeaus und in den Wald hinein. Gleich darauf biegt nach rechts ein Wanderweg ab, der wieder zu einem Fahrweg führt. Auf ihm oder über die freie Wiese direkt zur **Falkenmoosalm** hinauf.

Man kann den Aufstieg abkürzen, wenn man oberhalb der Alm den Fahrweg nach links verlässt und

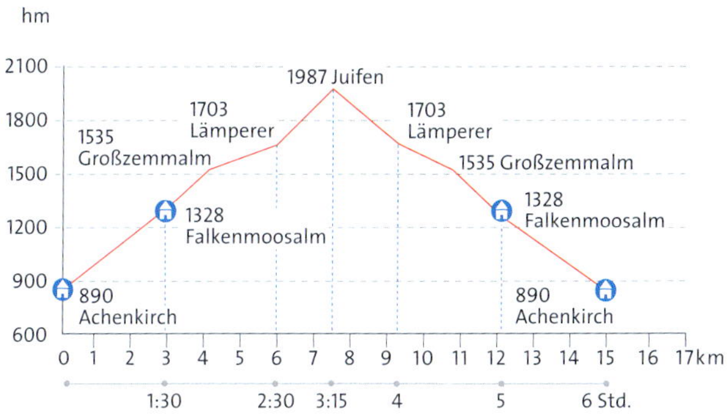

über einen steilen Hang, der nach oben hin abflacht, gegen Westen aufsteigt. Es ist auch möglich auf der Straße weiterzugehen, die nach einem ausholenden Bogen zur Abkürzung stößt.

In einem kurzen Waldgürtel fällt die Straße etwas ab und führt unter die Nordwesthänge der Hochplatte, wo sie zur **Großzemmalm** stößt. Hinter der Alm steigt man noch etwas auf dem schmalen Fahrweg auf, muss diesen aber in der ausholenden Linkskehre verlassen, um auf einem Viehweg zur Gratschulter unter der Marbichler Spitze bis zur Almhütte **Lämperer** aufzusteigen. Nun auf schmaler Fahrspur zum Marbichler Joch hinüber und den Markierungspunkten folgend steil nach Nordwesten auf eine breite Gratschulter. Von dort neben dem Weidezaun auf lehmigem Pfad zum **Gipfelkreuz** hinauf.

Der Abstieg verläuft entlang der Aufstiegsroute.

Der Juifen von Norden.

Silberberghütte (verf.)
Brettersbergalm-Hochleger
1324
Hühnersbach
1670 Pitzkopf
Pitzalm
Schulterbergalm-Niederleger
1686 Schulterberg
Waxe
Rotwand
1528 Roßkopf
-Hochleger
Juifen
1988
1541
Schulterbergalm -Mitterleger
1142
Rotwandalm-Hochleger
1528 Rotwandhütte
Rotwandalm-Niederleger 1398
m-Hochleger
Baieralm
1265
Lämpereralm
2
nalm-Mitterleger
1898
Marbichlerspitze
Groß-zemmalm 1535
1383 Raberskopf
Kafell 1906
1813
Hochplatte
Zotenalm-Niederleger
Kesselbach
Hiesenschlagalm 1241
Aquila
Kleinzemmalm 1565
Rethalm-Hochleger
Rether Kopf 1926
Rether Joch
Gröbenalm
Marlkopf 1776
Lochalm-Mitterleger
1425
Gröbner Hals 1654
Zunderspitze (Sonntagsspitze) 1926
Tiefenbachlam Hochleger 1375
Lochalm-Hochleger
Steinölbrennerei Bächental
Rether Horn 1656
Moosenalm 1530
Christlumkopf
Lochalm-Niederleger
Tiefenbachalm-Mitterleger
Stallenalm-Galtleger
Schreckenspitze
1139 Rethalm-Niederleger
1226
2022
1680
Bächental
KOMPASS
0 500 m

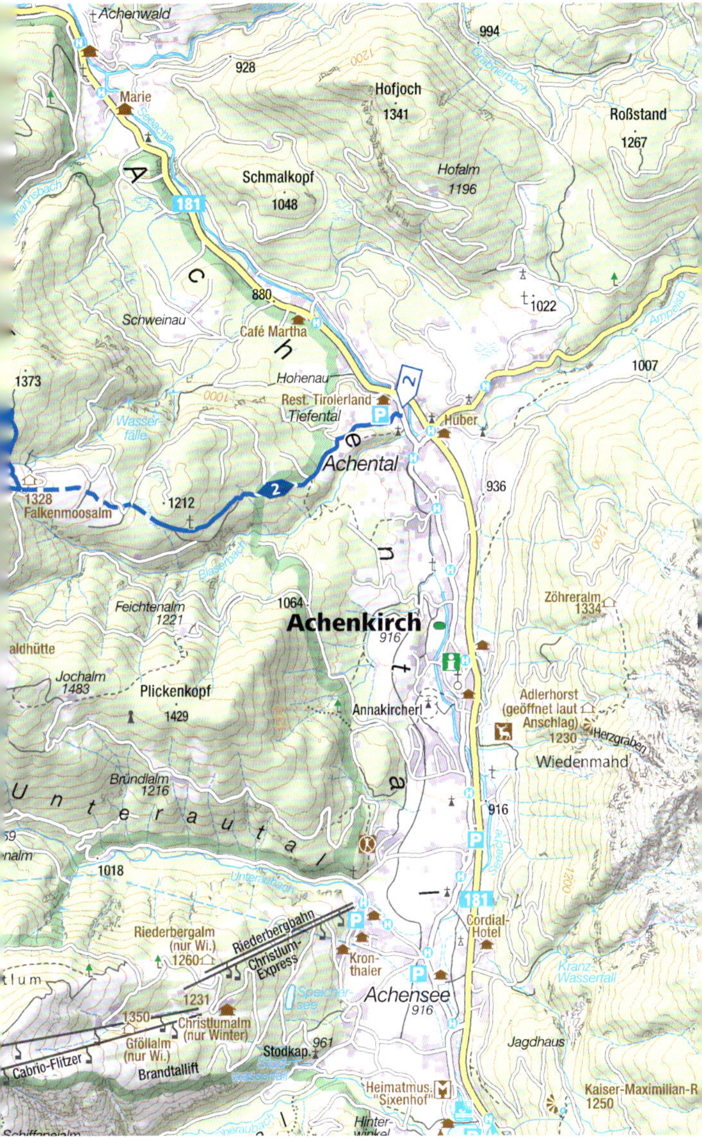

Achenwald
994
928
Marie
Seeache
Hofjoch
1341
Roßstand
1267
Schmalkopf
1048
Hofalm
1196
181
880
1022
Schweinau
Café Martha
1373
Hohenau
Rest. Tirolerland
Tiefental
Huber
1007
Wasserfälle
Achental
936
1328
Falkenmoosalm
1212
Blaserbach
Feichtenalm
1221
1064
Achenkirch
916
Zöhreralm
1334
Jochalm
1483
Plickenkopf
1429
Annakircherl
Adlerhorst
(geöffnet laut
Anschlag)
1230
Herzgraben
Wiedenmahd
Bründlalm
1216
U n t e r a u t a l
1018
Riederbergalm
(nur Wi.)
1260
Riederbergbahn
Christlum-
Express
Kron-
thaler
Cordial-
Hotel
Kranz-
Wasserfall
Speicher-
see
Achensee
916
1231
1350
Christlumalm
(nur Winter)
Gföllalm
(nur Wi.)
Cabrio-Flitzer
Brandtallift
Stodkap.
961
Jagdhaus
Heimatmus.
"Sixenhof"
1250

3. Schulterberg, 1686 m

Wanderberg für Pfadfinder

Ausgangspunkt: Achenwald, 843 m | **Charakter:** grundsätzlich einfache Wanderung, die aber – da nicht markiert und teilweise weglos – eine gute Orientierungsgabe erfordert
Einkehr: Gasthaus Marie am Ausgangspunkt in Achenwald
Karte: KOMPASS Nr. 182

Leicht | 13,9 km | 860 hm 860 hm | 4:15 Std.

Aus dem Tal betrachtet macht der Schulterberg eine gute Figur, doch wenn man sich diesem unbedeutenden und kaum bekannten Berg nähert, dann ist er als eigenständiger Gipfel ziemlich unscheinbar. Seine Nachbarn, vor allem der Juifen, machen halt doch viel mehr her. Trotzdem lohnt sich diese Wanderung, vor allem wegen der großen Einsamkeit und der schönen Aussicht.

Am besten ist es, die Tour gleich beim Gasthaus Marie in **Achenwald** zu beginnen, denn dort gibt es eine Bushaltestelle und einen Parkplatz. Außerdem kann man bei der Marie nach der Wanderung gut einkehren.

Zuerst folgt man der Autostraße gegen Nordwesten und biegt beim Kramerladen links ab. Hinter dem letzten Haus geht man geradeaus weiter und neben dem Zaun am Waldrand steil gegen Südwesten hinauf. Nach dem Weidegatter geht es dann durch den Wald, zuletzt steil, bis die Dollmannsbach-Forststraße erreicht ist. Auf ihr nun lange hoch über der tiefen Schlucht des Dollmannsbachs in mäßiger Steigung hinauf, bis der Fahrweg nach links über den Bach abdreht. Dort geradeaus, am Jagdhaus vorbei und auf einem Seitensträßchen, abermals über einen Bach, bis zu dessen Ende. Nun auf einem Ziehweg, später weglos nach rechts in Hochwald hinein und gegen Westen südlich einer Bachschlucht weiter, bis wieder eine Straße erreicht ist. Auf ihr rechts halten, zum Bach hinab und gleich dahinter auf einem alten Almweg links hinauf. Nördlich des Bachgrabens dahin, bis die Spur rechts abdreht und über einen freien Weidehang zur **Schulterbergalm** führt.

Von dort folgt man dem Fahrweg bis kurz vor den Schulterbergalm-Hochleger und zweigt auf eine Fahrspur rechts ab, die nach zwei Kehren in einem freien, flachen Hang endet. Von dort gegen Nor-

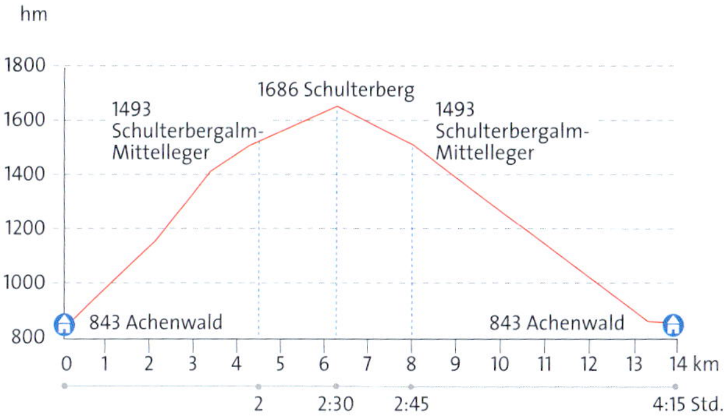

den weglos, aber einfach zum höchsten Punkt des **Schulterbergs** hinauf.

Bis zur **Schulterbergalm** steigt man auf alle Fälle entlang der Aufstiegsroute ab. Von der Alm kann man nun auf dem Fahrweg zum Niederleger weitergehen und unter der Wildfütterung, nach ein paar Straßenkehren, auf einen leicht zu übersehenden Steig rechts abbiegen. Auf ihm durch dichten Wald – ein kurzes Stück ziemlich nass – hinab, bis schließlich nach gut 5 Minuten breite Ziehwege erreicht werden. Dort links abdrehen, zur Straße hinab und auf ihr zur Autostraße bei Achenwald. Dort rechts halten, und das letzte Stück zum **Wirtshaus Marie** zurück.

Gipfelrast auf dem Schulterberg mit dem Juifen im Hintergrund.

Schottergrube
Seeache
Ruhegebiet im Winter
Zum Hagen
Halslkopf 1406
Halslalm
Jagdhtt.
926
Hagen-kirchlein
Taschelbach
rettersbergalm-Hochleger
1324
1400
Waxegg
1670 Pitzkopf
Schulterbergalm-Niederleger
1686
Schulterberg
Pitzalm
Dollmar
Lindstein
-Hochleger
Schulterbergalm
1541
-Mitterleger
1142
Juifen
1988
1528
otwandhütte
1265
Lämpereralm
1898
Marbichlerspitze
Groß-zemmalm 1535
Kafell 1906
1813
Seewaldhü 1582

0 350 m

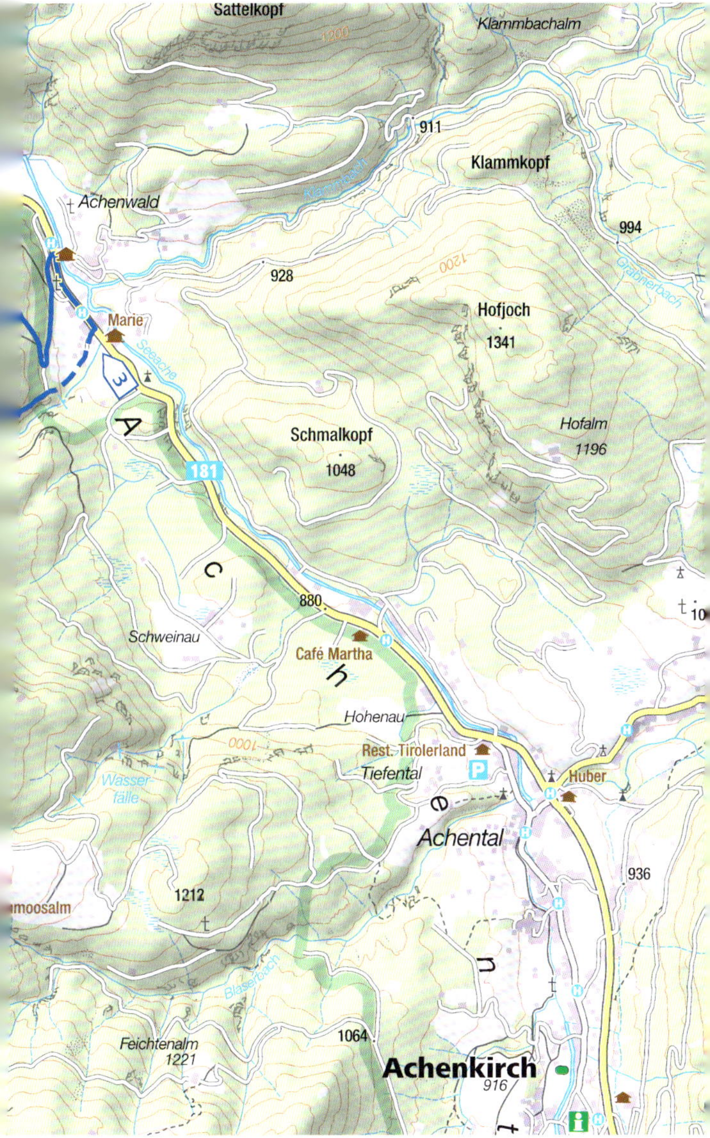

Sattelkopf
Klammbachalm
1200
911
Klammkopf
Klammbach
Achenwald
994
928
Grabnerbach
Hofjoch
1341
Marie
Seeache
3
A
Schmalkopf
1048
Hofalm
1196
181
c
880
Schweinau
Café Martha
h
Hohenau
1000
Rest. Tirolerland
Tiefental
Huber
Wasserfälle
e
Achental
936
1212
Blaserbach
Feichtenalm
1221
1064
Achenkirch
916

4. Hochplatte, 1813 m

Karwendelblicke aus dem Bilderbuch

Ausgangspunkt: Achenkirch, 890 m | **Charakter:** beliebte Wanderung mit grandioser Karwendelschau und (optional) scharfem Gipfelgrat | **Einkehr:** Café Tirolerland am Ausgangspunkt, Falkenmoosalm | **Karte:** KOMPASS Nr. 182

Leicht | 11,7 km | 1000 hm 1000 hm | 4:30 Std.

Diese Bergtour muss man nicht in jedem Fall bis zum Gipfel durchstehen, auch die Falkenmoosalm ist ein schönes und beliebtes Ziel, das sich besonders wegen der guten Einkehr lohnt. Schöner ist es natürlich am Gipfel droben, denn der wartet bei gutem Wetter mit einer Karwendelschau auf, die wie aus dem Bilderbuch ist.

Vom **Wanderparkplatz** beim Café Tirolerland geht es erst einmal über einen freien Wiesenhang nach Tiefental hinauf und auf einem Forstweg gegen Südwesten in geringer Steigung dahin. Bei der Verzweigung links, wieder in den Wald hinein und kurz auf der Straße Richtung Falkenmoosalm weiter. An beschilderter und markierter Stelle zweigt ein breiter, grobsteiniger Waldweg rechts ab und steigt gegen Westen an, bis er am Waldrand wieder auf die Straße stößt. Sie führt in weit ausholenden Kehren über einen Wiesenhang zur **Falkenmoosalm** hinauf.

Von den Almgebäuden muss man nur noch ein kurzes Stück auf der Straße weiter, denn man kann ab der Rechtskehre über einen schmalen Pfad abkürzen. Er führt weiter oben, im Wald, wieder auf die Straße.

Auf einer Höhe von ca. 1480 m zweigt nach links ein schmaler, beschilderter und markierter Bergpfad ab. Er schwingt sich steil nach Süden zu einem Höhenrücken auf und tritt aus dem Wald aus. Zwi-

KOMPASS INFO

Aus dem Unterautal herauf
Eine weitere, ebenfalls beliebte Route zur Hochplatte beginnt in Achenkirch, am Eingang in das Unterautal, in der Nähe der Seilbahn-Talstation der Christlumbahn. Von dort steigt ein anfangs steiler Pfad gegen Norden an und führt anschließend über Bründlalm und Seewaldhütte (Einkehr) unschwierig zum Gipfel hinauf.

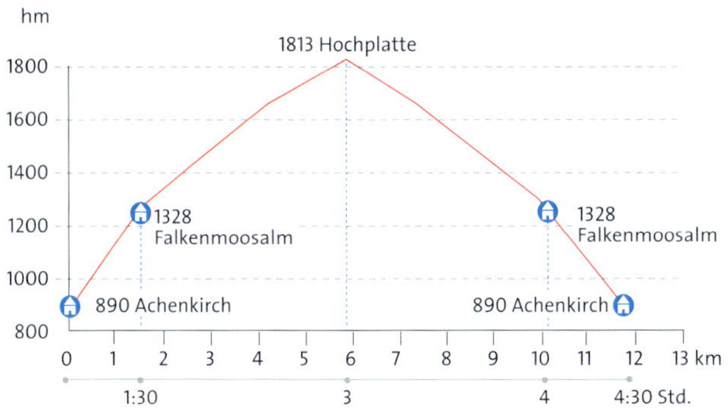

schendurch wird es flacher, und aus dem freien Rücken kommt man in Latschenbuschwerk hinein.

Und dann wird es ein wenig pfiffig. Die folgenden 70 Höhenmeter geht es sehr steil und auch etwas

Gipfelschau von der Hochplatte auf das Achental.

felsig zu, bis schließlich der Rücken wieder abflacht, über den bequem das **Gipfelkreuz** erreicht wird.

Doch diesen anspruchsvollen Gipfelanstieg muss man nicht nehmen, denn ein relativ bequemer Bergweg führt links davon in die freien Gipfelhänge hinein und über sie problemlos zum Kreuz hinauf.

Vom Gipfel kann man auf einer anderen Route absteigen. Sie führt zunächst nach Osten, in Richtung Seewaldhütte über freie Wiesenhänge hinab. Schon beim ersten Hütterl muss man links abbiegen und einen freien Hang queren, bis unter dem Steilaufschwung die Aufstiegsroute erreicht wird, auf der man bis zum **Ausgangspunkt** absteigt.

Die Hochplatte ist erreicht.

KOMPASS

0 500 m Aufgrund der Tourlänge Maßstab 1 : 50 000

5. Zunderspitze, 1926 m

Über dem Gröbner Hals

Ausgangspunkt: Achenkirch, Talstation der Christlumbahn, 945 m | **Charakter:** wenig durchgeführte, stramme Bergtour; Trittsicherheit und Schwindelfreiheit notwendig (I+)
Karte: KOMPASS Nr. 182

Schwer | 13,8 km | 1000 hm / 1000 hm | 5:30 Std.

Die Zunderspitze ist ein lohnendes Gipfelziel, das an den Wanderer gehobene Ansprüche stellt. Lange Forstwege im Hochwald, überweidete Hänge in der Almregion und ein steiler Gipfelaufbau kennzeichnen diesen markanten Berg. Die Krönung der Gipfelaussicht stellt das benachbarte Karwendel dar. Sie ist von der Sonntagsspitze, wie die Zunderspitze auch genannt wird, besonders schön.

Von der Zunderspitze zeigt sich die Hochplatte.

Vom **Wanderparkplatz** hinter der Talstation der Christlumbahn folgt man dem Fahrweg nach Westen durch das Unterautal. Wer ein Mountainbike dabei hat, kann sich über die geringe Steigung freuen, die erst hinter der kleinen Hütte am Holzplatz nach 2,1 km kräftig zunimmt. Auf dem Sträßchen geht es bis zur Gröbner Alm, wo es endet (Raddepot).

Von dort in geringer Steigung dem Weglein zum breiten **Gröbner Hals** folgen. Dort links halten und gegen Südosten einer schmalen Trittspur über steile Weidehänge bis ins Latschenbuschwerk folgen. Dann wird es noch steiler, und schließlich wird die Grathöhe er-

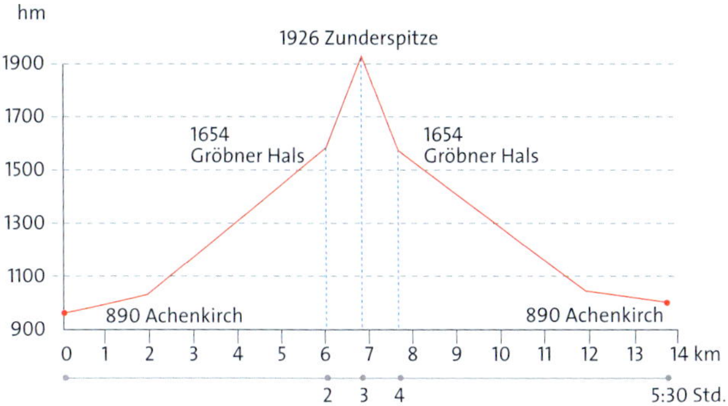

reicht. In einfacher Kletterei muss man über Felsen hinüber und nach einem kurzen Abstieg auf einen weiteren Felsen zu. Über ihn führt eine kurze Steiganlage. Dann wird sehr steiles Wiesengelände erreicht, über das man sich zum **Gipfel** hinaufplagt. Der Abstieg verläuft entlang der Aufstiegsroute.

Grundsätzlich wäre der Übergang von der Zunderspitze bis zur Hohen Gans möglich.

KOMPASS

0 350 m

1212
Feichtenalm
1221
Plickenkopf
1429
Blaserbach
1064
Achenkirch
916
Annakircherl
Adle
(geöffn
Bründlalm
1216
t e r a u t a l
1018
5
Unteraubach
Riederbergalm
(nur Wi.)
1260
Riederbergbahn
Christlum-
Express
Kron-
thaler
Cordial-
Hotel
181
Seeache
1231
1350
Christlumalm
(nur Winter)
Gföllalm
(nur Wi.)
Speicher-
see
Achensee
916
961
Stodkap.
Stod-
wasserfall
Brandtallift
Jagdhau
Heimatmus.
"Sixenhof"
Hinter-
winkel
Oberaubach
O b e r a u t a l
Seebergwald
1200
Koglalm

6. Christlumkopf, 1758 m

Ein Skipistenberg als Wanderziel

Ausgangspunkt: Achenkirch, Parkplatz der Christlumbahn, 945 m | **Charakter:** etwas anspruchsvoller Anstieg auf einen beliebten Skipistengipfel; sehr leichter Abstieg
Einkehr: Gföllalm, Christlumalm | **Karte:** KOMPASS Nr. 182

Mittel | 10,9 km | 860 hm 860 hm | 4:30 Std.

Der Christlumkopf ist ein beliebter Skipistengipfel am Nordrand des Achensees. Im Sommer ist es auf diesem Aussichtsberg ruhiger, denn die Seilbahn fährt nur im Winter.

Vom **Parkplatz** auf der Forststraße durch das Unterautal fast eben gegen Westen dahin bis zu einer kleinen Hütte und dem Holzplatz. Dort links auf eine Fahrtrasse abbiegen, und dem Wegweiser zur Moosenalm folgen. Man kommt in den Wald hinein, zu einer Brücke, die neben einer Klamm über den **Unteraubach** führt und geht auf einem schmalen Bergweg steil hinauf. Mitten im Wald wird ein Sträßchen gequert. Der Anstieg führt auf einem Ziehweg geradewegs über einen steilen Waldhang hinauf und stößt allmählich zu einem tief eingeschnittenen Graben.

Im tiefen Tal unter den steilen Wiesenhängen der Sonntagsspitze (Zunderspitze) lichtet sich der Wald. Die markierte Route steigt östlich des Bachs an und dreht aus dem Graben nach links heraus, um über eine steinige Almwiese zu einer Straße anzusteigen, die nach rechts zur Moosenalm führt. Die markierte Wanderroute führt nun auf der Straße nach rechts zur **Moosenalm** und dahinter links abdrehend über Weidehänge nach Süden in einen weiten Wiesensattel zwischen Schreckenspitze und Christlumkopf. Durch den Sattel und entlang den Markierungspfosten in eine weite, feuchte Mulde hinunter, aus der das Weglein gegen Südosten herausführt. Auf der linken Hangseite an der **Bergalm** vorbei.

Von der Alm nun gegen Norden weiter und rund 50 Höhenmeter hinab, bis ein steiles Blockkar gequert wird. Auf der linken Hangseite bis kurz vor einen Gratsattel hinauf. (Dorthin könnte man auch direkt von der Moosenalm steil und nicht markiert heraufgehen.) Auf der steilen Wiese zur Grathöhe hinauf und über sie weiter, bis

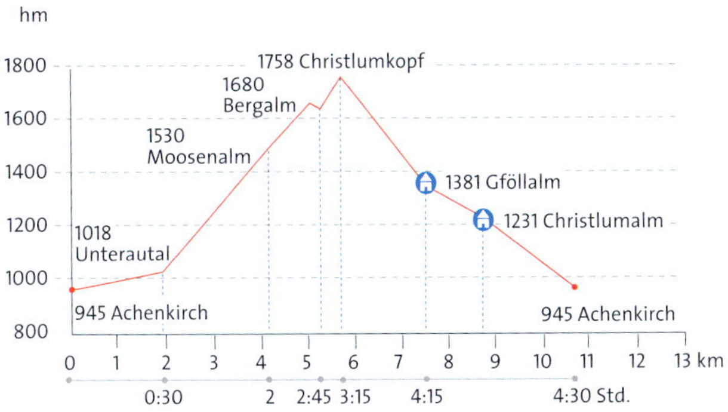

nach rechts eine Trittspur zum oberen Liftmasten verläuft. Dort links abdrehen und über den Grat zum **Gipfelkreuz** und zur Wetterstation.

Der Abstieg führt in Richtung Norden über den Gipfel zur Bergbahn und auf einem Fahrweg neben der steilen Hangkante nach Nordosten hinunter. An der automati-

Gämse am Weg zum Christlumkopf.

schen Fernsehkamera, der Abzweigung zur **Gföllalm**, der Seilbahn-Mittelstation und der **Christlumalm** vorbei. Dann in weit ausholenden Straßenkehren weiter nach Osten hinunter und knapp über dem Tal links abbiegen, um auf der moderat abfallenden, grünen Skipiste zum **Ausgangspunkt** zurückzugehen.

Einsamer Anstieg zum Christlumkopf.

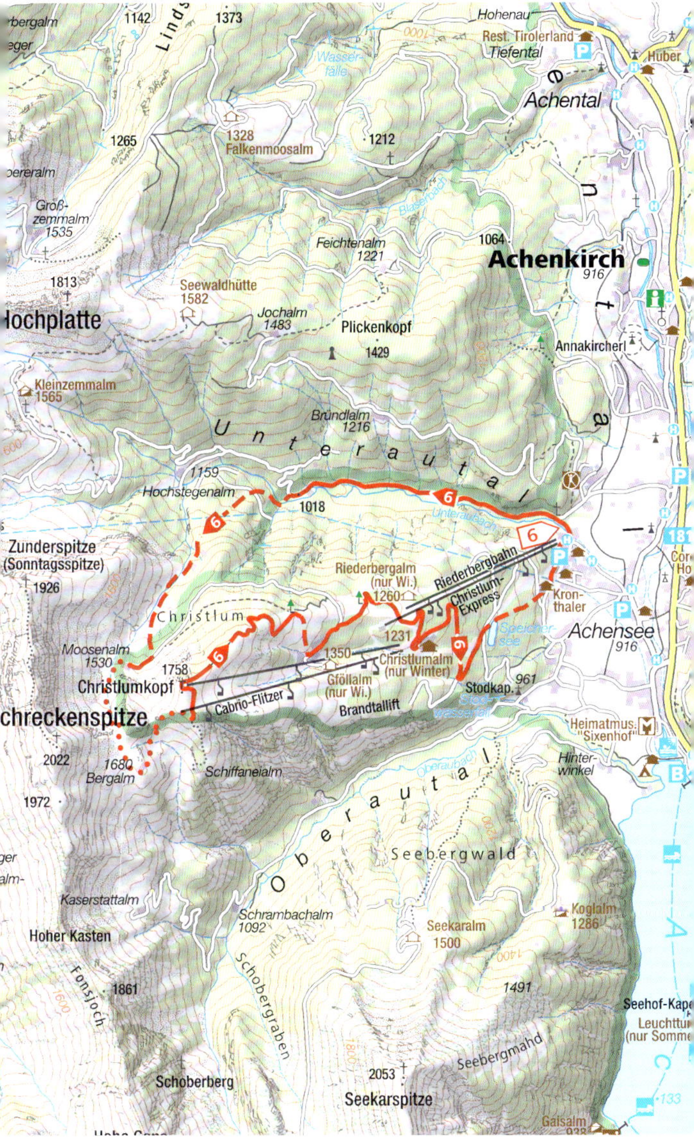

KOMPASS

0 500 m Aufgrund der Tourlänge Maßstab 1 : 50 000

7. Seekarspitze, 2053 m und Seebergspitze, 2085 m

Gipfelüberschreitung für Trittsichere

Ausgangspunkt: Parkplatz Hinterwinkel in Achensee, 924 m
Charakter: anspruchsvolle Rundtour, die auf den Gipfelgraten stellenweise Schwindelfreiheit und Trittsicherheit voraussetzt
Einkehr: Seekaralm, Pasillalm | **Karte:** KOMPASS Nr. 182

Schwer | 16,3 km | 1200 hm / 1200 hm | 6:30 Std.

Dem Achensee westlich vorgelagert steht ein langer, behäbig wirkender Bergrücken, dessen höchste Erhebungen die Seekarspitze und die Seebergspitze sind. Die Gipfelhänge sind steil und erfordern bei der Wanderung schon ein paar Schweißtropfen. Belohnt wird man dafür mit einer hervorragenden Karwendelschau, schönen Ausblicken auf das benachbarte Rofangebirge und, was ganz besonders interessant ist, einem Tiefblick zum langen, dunkel daliegenden Achensee.

Von **Hinterwinkel** auf einem Fahrweg anfangs gegen Nordwesten, Richtung Seekaralm, dann links auf den Koglsteig abzweigen und neben der Straße bis kurz vor die Koglalm, die in einer ausgedehnten Lichtung steht. Noch vor der Alm nach rechts wieder auf den Fahrweg und fast bis zur Jausenstation **Seekaralm**. Bei der Straßenverzweigung links herum, an der Jausenstation vorbei und auf einem Weg zu einem bewaldeten Rücken. Auf ihn nach rechts abdrehen. Er führt auf der Grathöhe, zunächst noch etwas im Wald, dann durch Latschenbuschwerk bergwärts. Weiter oben werden der Aufstieg steiler und der Pfad immer steiniger. Das letzte Stück unter dem Gipfel der Seekarspitze führt er durch Felsengelände.

Der Übergang zur Seebergspitze führt vom gemütlichen Rastplatz auf der **Seekarspitze** auf einem schmalen Steig über die Grathöhe nach Süden weiter. In geringem Auf und Ab zu einem grünen Sattel auf 1928 m Höhe hinab. Wer genug hat und sich den luftigen Aufstieg zur Seebergspitze sparen will, kann im Sattel rechts abzweigen und auf gutem Weg zur Pasillalm absteigen.

Der Aufstieg zur Seebergspitze führt über steile Felsen hinauf und zum zweiten **Gipfel** der Rundtour.

Der Rückweg von der Seebergspitze ist zunächst ziemlich steil. Er

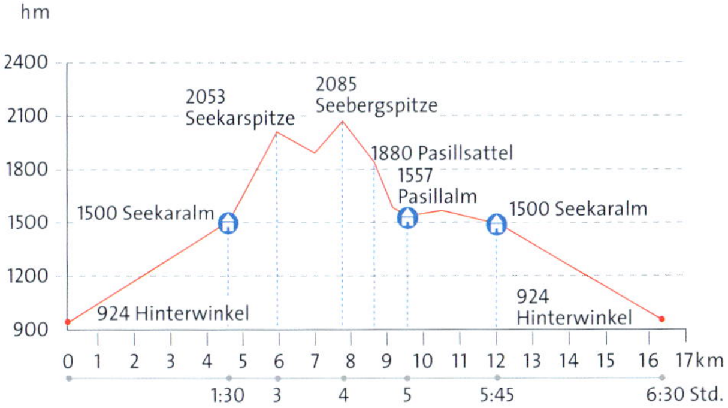

folgt dem Ostgrat und ist anfangs stellenweise ein wenig ausgesetzt. Bei Nässe wird er sehr schmierig und verlangt besondere Vorsicht. Er fällt anfangs über Felsen, weiter unten wieder durch Latschenbuschwerk in den **Pasillsattel** ab. Im breiten Sattel rechts und nach Norden, zu den weiten Wiesen der **Pasillalm** weitergehen. Der alte Steig unter dem Schoberberg in das Oberautal ist aufgelassen. Wegen Lawinenschäden und Hangrutschungen wird er auch nicht mehr hergerichtet und ist nicht zu empfehlen (Absturzgefahr!). Man folgt also von der Alm der Fahrstraße, die anfangs gegen Norden mühsam ansteigt, bis man unter der Seekarspitze zur Aufstiegsroute stößt. Auf ihr zum **Ausgangspunkt** zurück.

Beim Übergang von der Seekar- zur Seebergspitze.

Lochalm-
Mitterleger
1425
1776
Gröbner Ha
1654
Grasmühlalm
Tiefenbachlam
Hochleger
1375
Lochalm-Hochleger
Steinölbrennerei
Bächental
Schleusenwärterhaus
952
Rether Horn
1656
Jhtt.
Stausee
Lochalm-
Niederleger
Tiefenbachalm-
Mitterleger
Stallenalm-
Galtleger
1000
1139
Rethalm-Niederleger
1226
Larchalm
Tiefenbach
Feuersingeralm
1418
Larchköpfl
Tiefenbachalm-
Niederleger
Stallen-Jhtt.
Stallenalm
1283
Sattelalm
1298
-Hochleg
Katzenschlaglalm
Fonsseiten
1218
-Niederleger
Pöllenschlagalm
1043
Keilschlagalm
Hinterschleimsalm
1208
Tannauerb
Tannaueralm
1119
Plumsbach
Schleimsbach
1400
Kuppel
1771
1773
Kotzen
Kuppelalm
Kotzenalm
1825
Mantschen
Mantschenhalsl
Jhtt.
1490
Plumsbachalm
Mantschenalm
Vordersch
Jagdhtt.
1198
Mondscheinspitze
(Montscheinspitze)
1600
1556
Schleimssattel
2106
1748
nur für
Geübte
Kelberg
1800
(Mondscheinsenke)
Gratzental
Kompar
2011
1921
Mondscheinkopf
(Plumsjochspitze)
1846
1935
P
1172
Gernalm
-Hochleger
Satteljoch
1200
Plumssattel
1669
Plumsjochhütte
1630
Gütenberg
1665
Hasentalalm-
-Mitterleger

0 500 m

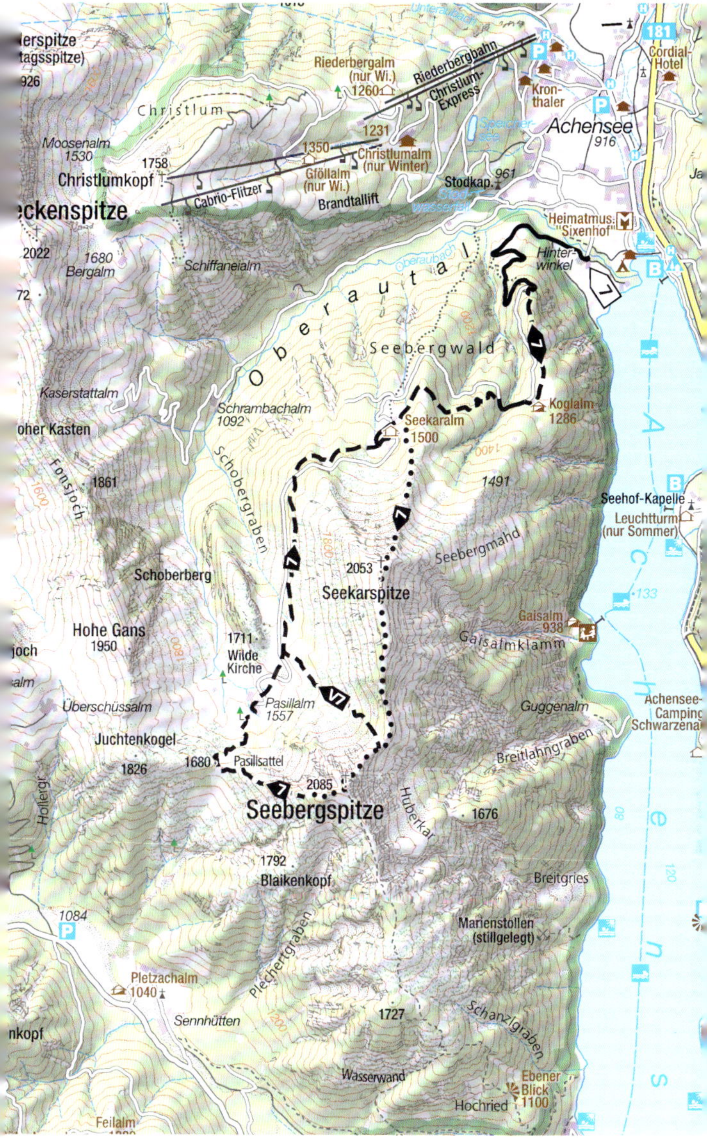
Christlum
Riederbergalm
(nur Wi.)
1260
Riederbergbahn
Christlum-Express
1231
1350
Christlumalm
(nur Winter)
Gföllalm
(nur Wi.)
Brandtallift
Cabrio-Flitzer
Christlumkopf
1758
Moosenalm
1530
Kron-
thaler
Achensee
916
Cordial-
Hotel
181
Speicher-
see
Stodkap.
961
Stod-
wasserfall
Heimatmus.
"Sixenhof"
Hinter-
winkel
Oberautal
Oberaubach
Seebergwald
Schiffaneialm
Bergalm
1680
2022
Kaserstattalm
Schrambachalm
1092
Seekaralm
1500
Koglalm
1286
Fonsjoch
1861
Schobergraben
1491
Seehof-Kapelle
Leuchtturm
(nur Sommer)
Seebergmahd
2053
Seekarspitze
Schoberberg
Hohe Gans
1950
1711
Wilde
Kirche
Gaisalm
938
Gaisalmklamm
Überschüssalm
Pasillalm
1557
Guggenalm
Achensee-
Camping
Juchtenkogel
1826
1680
Pasillsattel
Breitlahngraben
2085
Seebergspitze
Huberkar
1676
1792
Blaikenkopf
Breitgries
1084
Marienstollen
(stillgelegt)
Plechertgraben
Pletzachalm
1040
Sennhütten
1727
Schanzlgraben
Wasserwand
Ebener
Blick
1100
Hochried
Feilalm
Achensee

8. Gaisalm, 938

Klammwege und Achenseeschifffahrt

Ausgangspunkt: Hotel Scholastika in Achensee, 924 m
Charakter: spannender, beliebter Wanderweg am Achenseeufer
Einkehr: Gaisalm | **Karte:** KOMPASS Nr. 28 oder 182

Leicht | 8,6 km | 200 hm 200 hm | 2:15 Std.

Je nach Stimmung und Wetter glaubt man sich auf diesem beliebten Wanderweg an eine südländische Felsenküste oder einen düsteren Norwegischen Fjord versetzt. Die erste Etappe verläuft auf dem spannenden Gaisalmsteig. Weniger aufregend ist der Mariensteig, der von der Gaisalm nach Pertisau weiter führt. Er ist tagsüber ziemlich überlaufen. Deshalb empfiehlt es sich, die Wanderung schon am frühen Morgen zu beginnen, noch bevor die Achenseeschiffe unterwegs sind.

Vom Nobelhotel **Scholastika** folgt man der Seepromendade gegen Norden zum Fischerwirt und den Wegweisern zum Mariensteig – Pertisau der Straße entlang gegen Westen. Dabei wird der Campingplatz weit umrundet. Beim Wegkreuz links abbiegen und beim Weiderost in einen Waldgürtel hinein nach Hinterwinkel. Wegweiser zeigen nach rechts, über einen Bachlauf. Wenn dieser Wasser führt, muss man geradeaus über die Brücke gehen und dann durch den Hof. Um eine eingezäunte Wiese in weitem Bogen herum, links abdrehen und gegen Süden auf den Achensee zu. Dort beginnt der Gaisalmsteig.

In ständigem Auf und Ab folgt man dem vorbildlich ausgebauten Steig gegen Süden. Immer wieder gibt er schöne Blicke auf den See und das Rofangebirge frei. Es geht mehrmals über steile Treppenstufen hinauf und wieder hinunter, an Sturzbächen und wilden Felsengräben vorbei und kurz vor der Gaisalm auf die Scheitelstrecke der Wanderung mit 995 m.

Nach ein paar spannenden Routenabschnitten fällt der Weg über eine lange, fast ein wenig Schwindelfreiheit erfordernden Treppe steil zum Achensee und zur **Gaisalm** ab. An den Schiffsanlegestellen führt eine Uferpromenade vorbei und direkt am See dahin. Schließlich kommt man an den breiten Geröllauslauf der ein-

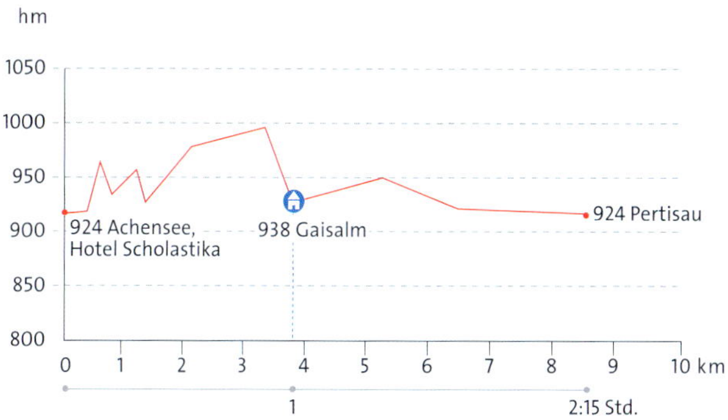

drucksvollen Gaisalmklamm. Dort kann bis in den Sommer hinein Lawinenschnee liegen, der aus den steilen Flanken der Seekarspitze herabgedonnert ist.

Der Wanderpfad taucht in schattigen Wald ein und führt weitgehend eben dahin. Nun ist der Mariensteig erreicht, der allmählich in Latschenbuschwerk hineinführt.

Die malerische Gaisalm am Achensee.

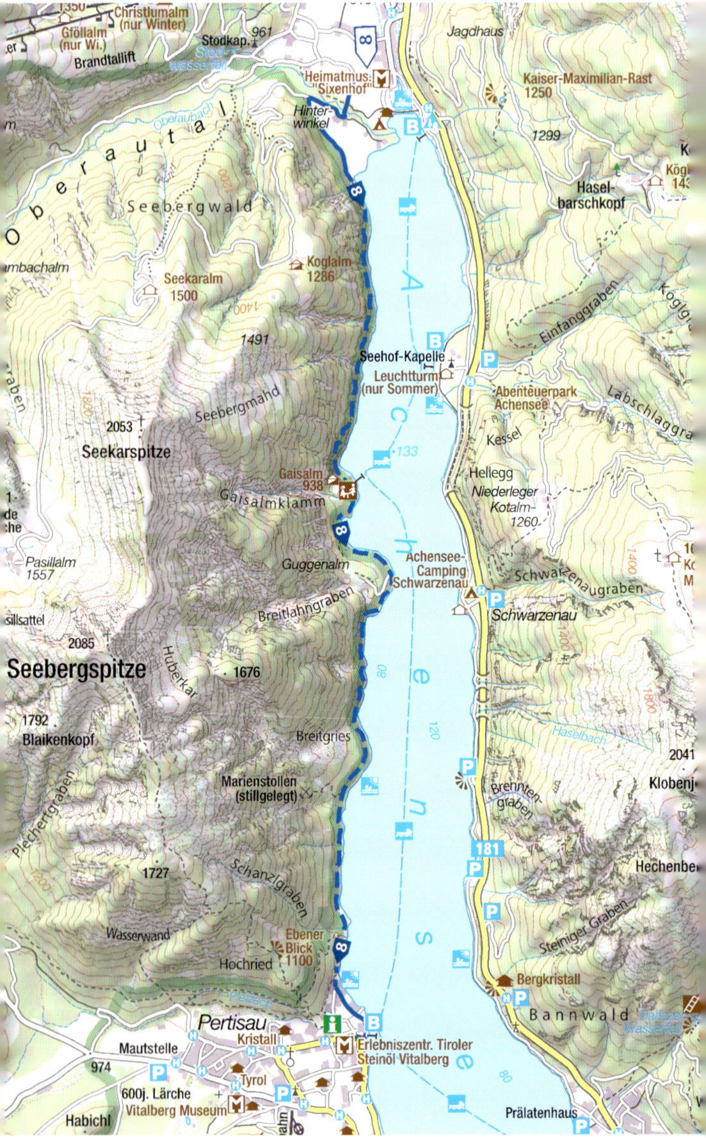

KOMPASS

0 500 m Aufgrund der Tourlänge Maßstab 1 : 50 000

Knapp über dem See geht es auf dem guten Weg ein wenig auf und ab. Besonders interessant ist ein Wasserfall, der direkt auf den Wanderpfad trifft. Damit man dort einigermaßen trocken vorbeikommt, gibt es eine Blechdachkonstruktion, die allerdings auch nicht ganz dicht ist.

Bald dahinter quert der Weg die breite Geröllhalde des Breitgrieses. Dahinter weitet sich der Weg zu einer breiten Promenade, von der nach rechts ein Weglein zum Schaubergwerk der Tiroler Steinölwerke abzweigt. Die Promenade fällt zum Ufer ab und führt nach **Pertisau** hinaus. Dort geht man zur Schiffsanlegestelle.

Die Rückfahrt mit dem Achenseeschiff ab Pertisau zum Ausgangspunkt dauert eine halbe Stunde. Das Schiff verkehrt im Sommer im Stundentakt. Eine Alternative ist der Linienbus, der auch nicht länger braucht.

Nicht stehen bleiben: Das Dach ist undicht.

9. Gütenberg, 1665 m und Feilkopf, 1562 m

Bergspaziergang zwischen Falzthurn- und Gerntal

Ausgangspunkt: Pertisau – Oberdorf (Mautstelle und Parkplatz), 970 m | **Charakter:** leichte Wanderung, die teilweise über wegloses Almgelände führt; grandiose Ausblicke vom Feilkopf! **Einkehr:** Gütenbergalm, Feilalm | **Karte:** KOMPASS Nr. 182

Leicht | 11 km | 730 hm / 730 hm | 4:30 Std.

An der Trennung von Falzthurntal und Gerntal ragt ein unbedeutender Bergrücken auf, ehe er sich zu felsigen Karwendelhöhen über das Falzthurnjoch bis zum Sonnjoch aufschwingt. Zu diesem unscheinbaren, aber sehr aussichtsreichen Wald- und Wiesenmugel, dem Feilkopf, und seinem etwas höheren, aber noch unbedeutenderen Nachbarn, dem Gütenberg, kann man relativ bequem hinaufwandern. Und zwei gemütliche Almen mit Jausenstationen laden zu angenehmer Rast ein.

Von der **Mautstelle** knapp 10 Minuten auf der Autostraße nach Westen dahin, an der Straßenverzweigung rechts halten und

Gipfelpanorama vom Feilkopf auf den Achensee.

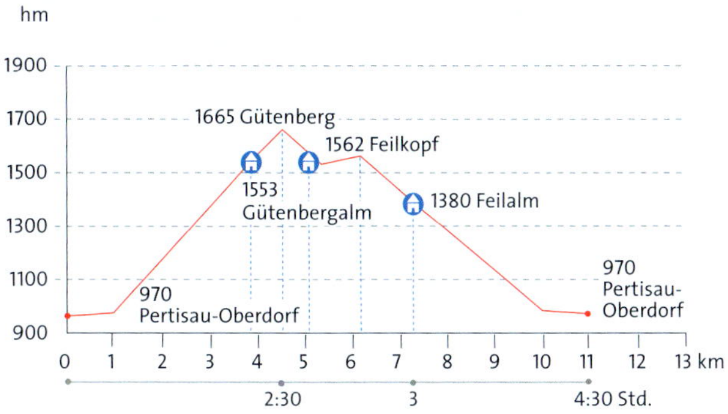

am Petersbrunnen vorbei. Am Rast- und Parkplatz Tunigenwiese zweigt nach links ein beschildertes Weglein ab. Im Schatten spendenden Wald steigt der Bergweg moderat zunächst gegen Westen, später Süden an. Weiter oben führt der Pfad durch mehrere Lichtungen, die erste Blicke auf den Achensee und ins benachbarte Rofangebirge freigeben, vor allem aber auf die scharf geschnittenen Karwendelkämme rund um die Lamsenspitze.

Dann schlängelt sich der Weg in Kehren weiter hinauf. Schließlich erreicht er ein Sträßchen, wo man etwa 50 Meter weit rechts geht, um einem schmalen Steig nach links steil durch den Wald zu folgen. Weiter oben verläuft die Route durch ein paar Kehren, um schließlich auf steile Weidehänge oberhalb stark abfallender Erosionsrinnen zu führen. Der Weg verliert sich zwischendurch in den Weidewiesen, bis er schließlich in einer weiten Senke zu einem Fahrweg stößt. Dort muss man sich entscheiden, ob man noch zum Gütenberg, oder gleich nach rechts zum Feilkopf weiter will.

Wer die Kür zum Gütenberg einlegt, hält sich am Sträßchen links und geht auf ihm bis zur **Gütenbergalm**. Hinter der Alm folgt man Fahrspuren über die vom Weidevieh stark in Mitleidenschaft gezogenen feuchten Wiesen gegen Nordwesten bis kurz vor den Sattel zwischen Falzturnjoch und Gütenberg. Dort schwenkt man rechts ab, geht weglos zur Grathöhe hinauf und auf ihr links bis zum höchsten Punkt.

Vom **Gütenberg** geht es weglos über den langen Wiesenrücken, zuletzt etwas steil, direkt gegen Südosten zur **Gütenbergalm** hinab. Von der Alm auf dem Fahrweg weiter, aber auf dem breiten Rücken nicht nach rechts zur Aufstiegsroute abzweigen, sondern geradeaus gegen Osten, an der Straßengabelung links und zum

KOMPASS

0 350 m

großen Kreuz auf dem **Feilkopf** hinauf.

Vom Feilkopf ein paar Meter gegen Osten zum Sträßchen hinab, das aber schon bald endet. Nun auf schmalen Trittspuren über den breiten Rücken in der gleichen Richtung talwärts, bis eine Fahrrampe erreicht wird. Auf ihr links halten und zur breiten Schotterstraße. Auf der Straße in Kehren oder direkt über den Wiesenhang zur **Feilalm** hinab. Von dort auf dem Fahrweg, den schönen Achensee vor Augen weiter hinab, an der Verzweigung (ca. 1310 m) rechts abbiegen und zum Aufstiegsweg zurück. Auf ihm nach **Pertisau** hinaus.

Auf dem einsamen Gütenberg; hinten die Mondscheinspitze.

10. Bärenkopf, 1991 m

Großartige Rundtour über der Bärenbadalm

Ausgangspunkt: Parkplatz westlich der Lawinengalerie am Südende des Achensees, 950 m | **Charakter:** ausgedehnte, in den oberen Gefilden landschaftlich prächtige Rundtour mit gewaltigen Ausblicken; Abkürzung mit Seilbahn ab Pertisau möglich | **Einkehr:** Bärenbadalm | **Karte:** KOMPASS Nr. 28

Mittel | 14,2 km | 1200 hm 1200 hm | 6 Std.

Vom **Parkplatz** am Betriebsgebäude vorbei nach Südosten und einem Fahrweg bei der Verzweigung rechts herum folgen. Diese Straße steigt lange gegen Westen an und verzweigt sich bei der Skipiste. Dort links herum, nach Südosten durch den Bärenbader Wald hinauf und rechts abknickend zur Skipiste im Perchertal. Dort schwingt sich die Fahrrampe deutlich auf und endet. Am Rande der Skiabfahrt zu einem Wanderweg, der nach links in lawinengeschädigten Wald abzweigt und in ausholenden Kehren nach Süden ansteigt. Er weitet sich zu einer Fahrrampe, die links abdreht und in die Senke zwischen Zwölferkopf und Bärenkopf führt. Dort steht die Bergwirtschaft **Bärenbadalm**.

Von der Alm gegen Südosten bald in den Wald hinein und nahe einer stark ansteigenden Hangmulde in Kehren steil hinauf, bis ein steiler, mit Schrofen durchsetzter Hang zu queren ist. Dahinter in Latschenbuschwerk hinein und auf die Südhänge des Bärenkopfs hinüber. Der Weg führt einem Felsenriegel entlang, durch einen felsigen Einschnitt hinauf (Seilsicherung) und wieder neben einem markanten Felsenband dahin. Schließlich auf einen breiten, mit Gras und Latschen bewachsenen Rücken und über ihn zum **Gipfelkreuz**.

Vom Gipfel anfangs der Aufstiegsroute hinunter folgen. Bei der beschilderten Abzweigung nach links in Richtung Weißenbachsattel durch steile, sonnige Wiesenhänge absteigen und in die prächtige, aussichtsreiche Berglandschaft am Filz. Von dort nach kurzem Zwischenanstieg in den **Weißenbachsattel** hinunter. Im Sattel rechts halten und dem viel begangenen Wanderweg folgen, der im Wald relativ steil lange gegen Norden zur **Bärenbadalm** abfällt.

Bei der Wirtschaft links herum, durch ein Tälchen gegen Südwes-

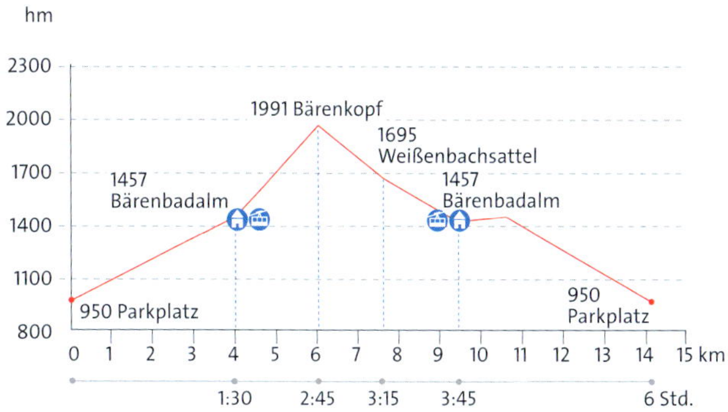

ten hinab und auf eine Straße. Auf ihr nach Norden weiter und in der scharfen Linkskehre geradeaus zum Lift und zur Skipiste. Diese queren und in den Wald hinein. Nun längere Zeit nach Norden in moderatem Gegenanstieg hinauf, bis mitten im Wald eine Wegverzweigung erreicht wird. Dort links abdrehen und dem Wanderweg abwärts folgen, der im weiteren Verlauf nach Osten abschwenkt. Am Ländberg quert er die Seilbahn und fällt im steilen Waldhang zu einer Wegverzweigung ab. Von ihr Richtung Maurach absteigen, bis beim Antennenmasten eine Straße erreicht wird. Auf ihr ins Perchertal, wo man zur Aufstiegsroute stößt, der man ins **Tal** zurück folgt.

Beim sportlichen Gipfelanstieg zum Bärenkopf.

KOMPASS

0 350 m

Teisslalm
Durrakreuz
Durrawand
Durraalm
1428
Almstüberl
Erfurter Htt.
1834
Häuserer Kopf
1636
Weiße Wand
Buchauer Wasserfall
Buchauer Alm
1385
Rofanseilbahn (Sommerbetrieb)
Seecamping Wimmer
Rofangarten
Alpenblick
Seespitz
Dampf-Zahnradbahn
Seealm
Maurach
am Achensee
970
Karwendel-Camping
Achenseer Museumswelt
Lärchenwiese
1606
981
Eben
a. Achensee
964
Weißenbach-klamm
810
Notburga-Museum
St. Notburga
Kirchenwirt
Zur Schönen Aussicht
Schwarzegg
1283
Graben
Auf d. Ebnet
Kasbach
Kasbach
666
Tiefentaler
Jagdhaus
Jenbacher Rodelhütte
931
Niederleger
Heiterlahnalm-
Jöchlalm
Zeiselegg
Weihnachtsegg
1740
Kienberg
Brandkögerl
1005
Jenbach
563

11. Ochsenkopf, 2148 m und Stanser Joch, 2102 m

Prächtige Rundtour mit herrlichem Rofanblick

Ausgangspunkt: Maurach-Lärchenwiese, 985 m
Charakter: lange, aber leichte Rundtour, die beim Abstieg vom Stanser Joch zum Heiterlahnalm-Hochleger – besonders bei Nässe – Vorsicht verlangt | **Einkehr:** Weißenbachhütte und Weißenbachalm | **Karte:** KOMPASS Nr. 28

Mittel | 15,5 km | 1310 hm / 1310 hm | 6:30 Std.

Über der Waldgrenze ist diese Aussichtstour landschaftlich sehr eindrucksvoll. Weniger schön sind die Antennenanlagen, die riesigen Schneefangzäune und die Lawinenverbauungen am Gipfel des Stanser Jochs. Die vorgestellte Abstiegsroute führt viel durch Wald, der aber hin und wieder interessante Ausblicke gewährt, und sie kommt an die beachtliche Weißenbachklamm heran. Den Blick dort hinunter sollte man sich nicht entgehen lassen.

Im Mauracher Ortsteil **Lärchenwiese** gibt es nur ein paar Abstellmöglichkeiten für das Auto am Straßenrand. Von dort auf einem Sträßchen gegen Südwesten in den Wald hinein. Es steigt nur wenig an und führt in das lange Weißenbachtal hinein. Bald schon erreicht man eine Straßenverzweigung, wo es geradeaus weitergeht. Anschließend windet sich der Fahrweg auf der Südseite des engen Talgrunds hinauf, führt durch eine Furt und auf der nördlichen Talseite dahin.

In vier Straßenkehren schlängelt er sich aus dem Grund heraus und dem Hang entlang zur kleinen, idyllisch gelegenen Jausenstation **Weißenbachhütte**.

Von dort über freie Wiesenhänge zur ebenfalls als Wirtschaft betriebenen **Weißenbachalm** weiter. Ein breiter Wanderweg leitet auf das steil ansteigende Weißenbachkar zu, schwenkt aber gleich nach rechts aus dem Karboden heraus, gegen Nordwesten zu einem Weidegatter und in den ausgedehnten Sattel zwischen Bärenkopf und Blasermahdlegg. In diesem Sattel verzweigen sich die Wege.

Dort links halten und dem markierten Pfad in lichten Nadelwald hinein folgen. Der schöne Bergpfad führt aus dem Wald heraus,

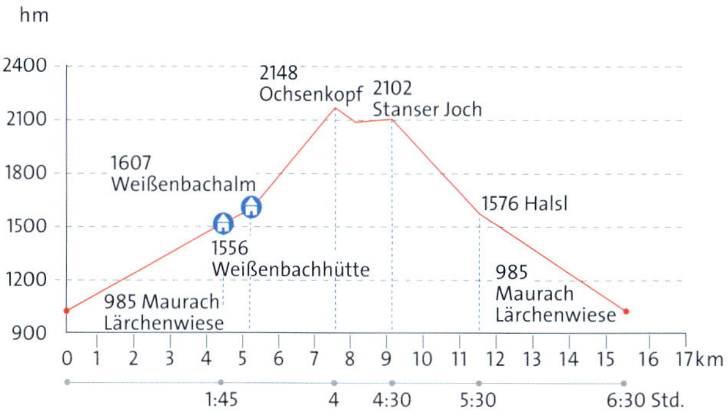

verlässt den Höhenrücken nach links und verläuft unter dem Blasermahdlegg am Rande des Weißenbachkars neben einem schneidigen Felsengrat nur gering ansteigend nach Südwesten weiter. Allmählich schwingt sich die Route wieder auf, führt am oberen Rand des Kars über steile, grüne Wiesen und dreht unmittelbar unter dem Gratsattel links ab. Noch kurz gegen Süden hinauf, und schon bald ist der breite, flache Rücken westlich des Stanser Jochs erreicht.

Dort geht es zum Ochsenkopf rechts weg. Etwas links des Gratrückens folgt man dem markierten Weglein, bis der unscheinbare **Ochsenkopf** erreicht ist.

Von ihm wieder zurück und nicht ins Weißenbachkar hinab, sondern gegen Osten in geringfügigem Auf und Ab an Schneefangzäunen, Lawinenverbauungen und Antennenanlagen vorbei, bis schließlich das große Gipfelkreuz auf dem **Stanser Joch** erreicht ist.

Vom Gipfel steigt man gegen Osten ab. Dazu folgt man einem breiten Rücken. Nach etwa 100 Hö-

Enzianteppich auf dem Ochsenkopf.

henmetern breitet sich wieder Latschengebüsch aus, und auf der Höhe von rund 1900 m wird der Gratverlauf verlassen. Nach links (gegen Nordosten) zweigt eine Trittspur ab, die hochinteressante Blicke nach Maurach und Eben, vor allem aber zum scharf geschnittenen Rofangebirge gewährt. Zunächst quert der lehmige Pfad steile Wiesenhänge (Vorsicht bei Nässe!) und fällt dann selber stark ab. Später taucht er wieder in Latschenbuschwerk ein, und der schmale Weg schlängelt sich steil zum Heiterlahnalm-Hochleger im **Halsl** hinab. Dort rechts halten, um am Bergweg durch eine steile Hangmulde zum Heiterlahnalm-Niederleger abzusteigen. In vielen, steilen Kehren zu einer Lichtung und einer Routenverzweigung hinunter. Dort stehen Wegtafeln, die nach links, Richtung Maurach zu einem schmalen Fahrweg weisen. Er fällt über eine längere Etappe stark ab, bis er sich über dem Tiefentaler Graben verzweigt. Dort links und den Wegweisern Richtung Achensee folgen.

Auf ein kurzes Stück steigt das Sträßchen an, bevor es ziemlich lange eben durch den Wald dahinführt. Dann stößt man auf einen Wanderweg, der wieder ansteigt und für ein kurzes Stück sogar mit einem Drahtseilgeländer versehen ist. Anschließend fällt er steil in das Weißenbachtal und zur Weißenbachklamm ab. Nach einem eindrucksvollen Tiefblick in die Klamm auf dem Sträßchen kurz bergauf und an beiden Verzweigungen rechts, bis wieder der **Ausgangspunkt** erreicht ist.

Beim Abstieg vom Stanser Joch zeigt sich der Achensee.

KOMPASS

0 500 m Aufgrund der Tourlänge Maßstab 1 : 50 000

12. Mondscheinspitze, 2106 m

Anspruchsvolle Karwendeltour

Ausgangspunkt: Gernalm (Pertisau), 1169 m
Charakter: stramme und anspruchsvolle Bergtour für Bergerfahrene; Trittsicherheit und Schwindelfreiheit sind zwingend notwendig; Stellen II- | **Einkehr:** Gernalm, Plumsjochhütte | **Karte:** KOMPASS Nr. 26

Schwer | 12,7 km | 1150 hm / 1150 hm | 6 Std.

Die Mondscheinspitze (oder Montscheinspitze) ist dem Karwendel-Hauptkamm nordöstlich vorgelagert. Neben großartigen Ausblicken bietet diese große Tour spannenden Auf- und Abstieg durch eine abwechslungsreiche Felsenlandschaft. Die Tour ist bei anspruchsvollen Bergsteigern sehr beliebt.

Von der **Gernalm** folgt man einem schmalen, steilen und sehr groben Fahrweg zum **Plumssattel** hinauf. Noch vor der Plumsjochhütte hält man sich rechts und geht über Weidewiesen gegen Norden den Markierungszeichen entlang. Der breite Grat schnürt sich zusammen, bis das Kreuz auf dem **Plumsjoch**, 1921 m, erreicht wird. Von diesem netten Zwischengipfel überblickt man den weiteren Aufstieg über die Mondscheinsenke zum Gipfel.

Der Weiterweg wird schwieriger. Zunächst einmal muss man 120 Höhenmeter steil, luftig und mühsam in die **Mondscheinsenke** absteigen, um dann an wilden Felsgebilden vorbei, durch eine

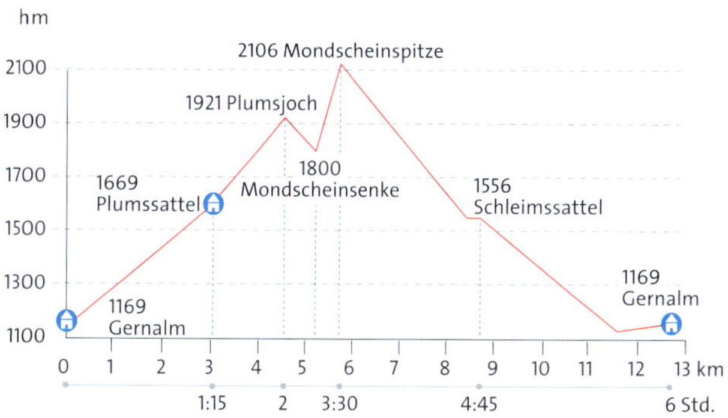

steile Felsenrinne hinaufzuklettern. Die Tritte sind gut, und das letzte Stück geht es rechts herum

und wieder einfach über grüne Wiesen zum **Gipfelkreuz** hinauf.

Vom Gipfel gleich ziemlich steil und ausgesetzt nach Osten zu einem scharfen Grat hinab. Nach einem Felsenband wird wieder etwas einfacheres Gelände erreicht. Der Steig führt in der Nähe des Gratrückens gegen Osten weiter und unter dem Kelberg in schönen Lärchenwald. Durch ihn kommt man an der Vorderen Schleimsalm vorbei und in den **Schleimssattel**. Im Sattel biegt man rechts ab und geht am Fahrweg ziemlich steil und in vielen Kehren nach Süden in das Gerntal hinab. Im Tal knickt der Fahrweg links ab. Dort geht man durch lichten Wald geradeaus weiter, um schon bald neben dem Bach einen schönen Wanderweg zu erreichen, der nach rechts zum **Ausgangspunkt** zurückführt.

Die aufregende Schlüsselstelle beim Anstieg zur Mondscheinspitze.

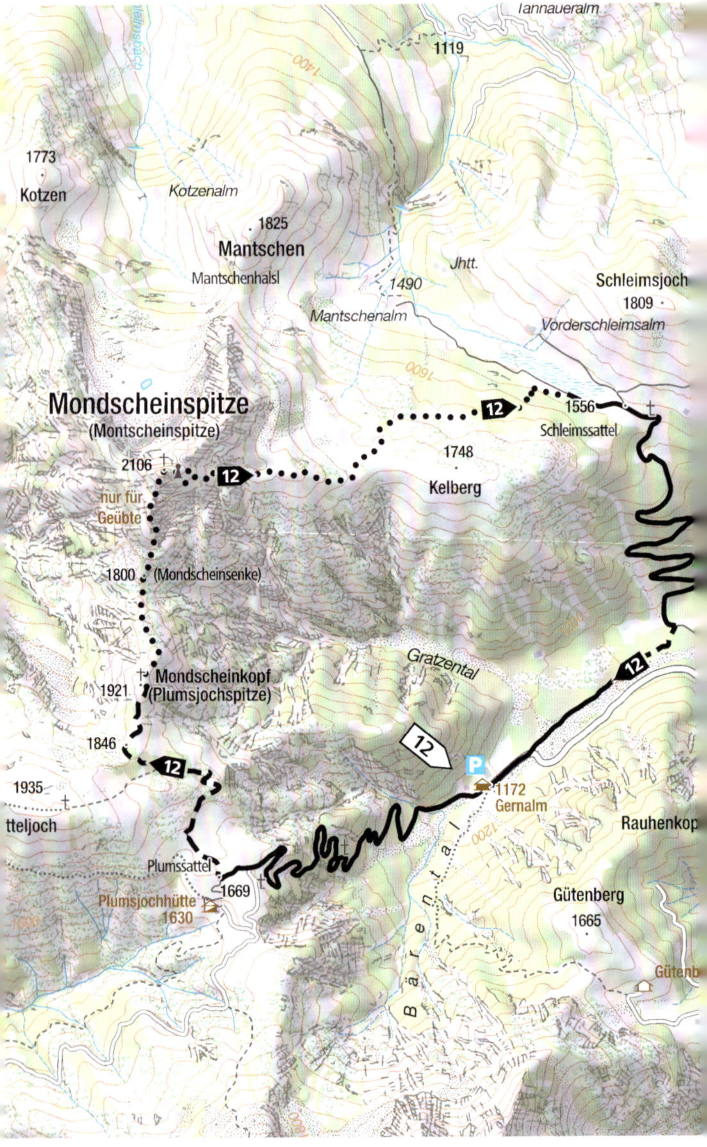
Tannaueralm
1119
1400
1773
Kotzen
Kotzenalm
1825
Mantschen
Mantschenhalsl
Jhtt.
1490
Mantschenalm
Schleimsjoch
1809
Vorderschleimsalm
1600
Mondscheinspitze
(Montscheinspitze)
12
1556
Schleimssattel
2106
12
1748
Kelberg
nur für
Geübte
1800
(Mondscheinsenke)
Gratzental
12
Mondscheinkopf
1921
(Plumsjochspitze)
12
1846
12
1935
tteljoch
1172
Gernalm
Rauhenkop
1200
Plumssattel
1669
Plumsjochhütte
1630
Gütenberg
1665
Bärental
Gütenb
KOMPASS
0
350 m

1861
Schoberberg
Hohe Gans
1950
1800
1711
Wilde
Kirche
Pasillalm
1557
2053
Seekarspitze
1491
Seebergmahd
Überschüssalm
Juchtenkogel
1826
1680
Pasillsattel
2085
Seebergspitze
Huberkar
1676
1792
Blaikenkopf
Plechertgraben
Marienstollen
(stillgelegt)
1084
Pletzachalm
1040
Sennhütten
1200
1727
Wasserwand
Hochried
Feilalm
1380
Feilkopf
1562
Pertisau
Kristall
Mautstelle
974
Tyrol
600j. Lärche
Vitalberg Museum
Alter Schlag

1:35 000

13. Lamsenspitze, 2508 m

Luftige Klettersteige auf ein begehrtes Gipfelziel

Ausgangspunkt: Gasthof Gramaialm (Pertisau), 1263 m
Charakter: sehr anspruchsvolle und anstrengende Bergtour mit steilen Karen und sehr ausgesetzten Klettersteigen
Einkehr: Gramaialm und Lamsenjochhütte
Karte: KOMPASS Nr. 26

Schwer | 11,3 km | 1255 hm / 1255 hm | 6:30 Std.

Der gewaltige Gipfelzahn der Lamsenspitze überragt den Gramaier Grund und ist Blickfang von der Sonnenterrasse des Wirtshauses Gramaialm. Auch wenn es vom Tal gar nicht so aussieht, man kann zum Gipfel hinauf, allerdings nur wenn man die anspruchsvolle Herausforderung annimmt. Die Tour wurde durch den Ausbau des steinschlaggefährdeten Gipfelsteiges zwar etwas entschärft, trotzdem darf sie nicht unterschätzt werden; Helm aufsetzen!

Von der **Gramaialm** gegen Süden und über den meist trockenen Bachlauf in den Gramaier Grund hinein. Nach dem kleinen Lärchenwald folgt Latschenbuschwerk, und bald kommt man in karge Geröllböden. Der ziemlich flache Weg dreht etwas nach links, später wieder rechts und führt in moderater Steigung unter dem Schneiderkar weiter. Dann wendet er sich in die Mitte des Talbodens und schwingt sich immer mehr auf. In vielen Kehren steigt er in das breite **Lamsenjoch** an, wo die gleichnamige Hütte steht. Dort muss man rechts abdrehen und auf die steile Ostwand der Lamsenspitze zuhalten. Unter der Felswand knickt der Steig nach links, also nach Süden ab und führt über einen breiten Geröllhang in Felsengelände. Dort sind zur Sicherheit Drahtseile gespannt, denen man in die **Lamsscharte** folgt. Man kann auch auf dem luftigen Klettersteig durch den Brudertunnel dorthin aufsteigen.

In der Lamsscharte schwenkt man rechts und folgt der Pfadspur über breite Geröllhänge nach Nordwesten. Die Markierungszeichen führen an eine steile Felsenrinne heran. Diese Rinne muss man nun wegen der Steinschlaggefahr vorsichtig und schnell queren, und dann folgt man dem ziemlich ausgesetzten Klettersteig, der am oberen Rand der Steiganlage eine steile Fels- und Geröllflanke und eine enge Felsenrinne quert, ehe er am **Gipfelkreuz** endet.

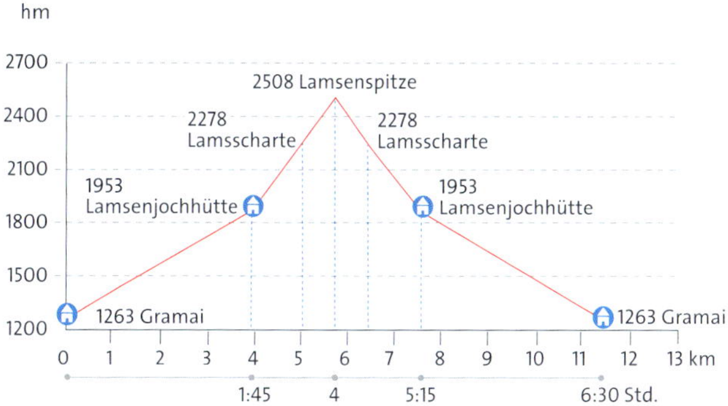

Die Abstiegsroute verläuft im Wesentlichen entlang der Aufstiegsstrecke. Wer sich traut, kann durch das Lamsenkar auf den Stiefelsohlen abfahren; der Schuster wird sich freuen.

Lamsenjochhütte und Lamsenspitze.

Sonnjoch
2457
Bärenwandkopf
1871
1218
Königskopf
Gramaisattel
1834
Gramai
Hochleger
1756
1816
1600
Kashütt'n
Knödelhütt'n
Gramaialm
13
2017
Gramaijoch
Alpengasthof
Gramai
1263
1903
Binssattel
(Gramaisattel)
Hahnkampl
2080
Gramaier Grund
1645
13
1600
1506
Westl. Lamsenjoch
1940
Rauher Knöll
2278
Kaisergrat
Lamsenspitze
2508
2505
13
13
Östl. Lamsenjoch
Schafjöchl
2157
Lamsenjochhütte
1953
Lamsscharte
Lamskar
2418
V13
Mitterkarlspitze
Brudertunnel
1700
Rotwandlspitze
2322
2000
Mitterkar
1799
2460
Steinkarlspitze
Schafkar
Steinkarl
Hochnissl
2547
2439
0 350 m

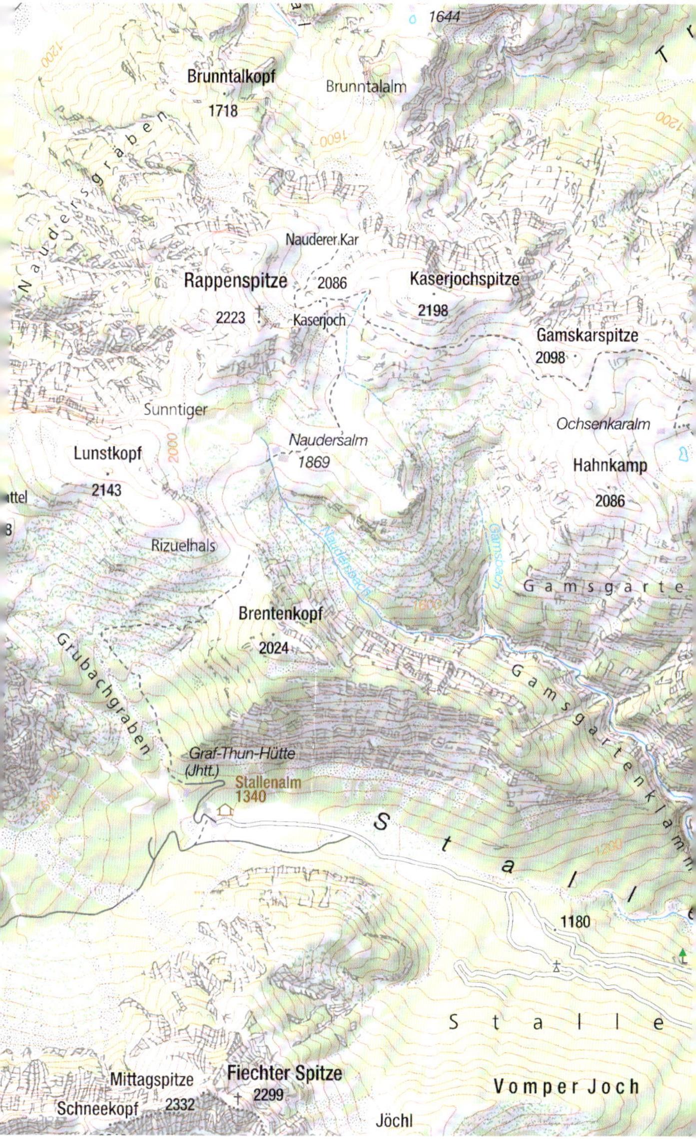
1644
Brunntalkopf
1718
Brunntalalm
Naudersgraben
Nauderer Kar
Rappenspitze
2086
Kaserjochspitze
2223
Kaserjoch
2198
Gamskarspitze
2098
Sunntiger
Ochsenkaralm
Naudersalm
1869
Lunstkopf
Hahnkamp
2143
2086
Rizuelhals
Naudersbach
Gamsbach
Gamsgärte
Brentenkopf
2024
Grubachgraben
Gamsgartenklamm
Graf-Thun-Hütte
(Jhtt.)
Stallenalm
1340
Stall
1180
Stalle
Mittagspitze
Fiechter Spitze
2299
Vomper Joch
Schneekopf
2332
Jöchl

1 : 35 000

14. Sonnjoch, 2457 m

Paradegipfel über der Gramai

Ausgangspunkt: Gramaialm (Pertisau), 1263 m
Charakter: sehr beliebte und lange Bergtour, für die etwas Trittsicherheit von Vorteil ist | **Einkehr:** Gramaialm und Gramaialm-Hochleger | **Karte:** KOMPASS Nr. 26

Mittel 10,2 km 1200 hm 1200 hm 5 Std.

Das Sonnjoch zählt zu den Paradegipfeln über der Gramaialm, das vor allem wegen seiner rundum großartigen Gipfelaussicht sehr beliebt ist. Wer spannende Steige lieber mag, als ausgetretene Wege, kann aus dem Falzturntal auch auf einem luftigen Steig über den Bärenlahner aufsteigen.

Es gibt insgesamt vier Routen auf den prächtigen Aussichtsberg. Eine schöne und sehr beliebte beginnt in der Eng und führt über die Binsalm, den Binsalm-Hochleger und den Binssattel zum Gramaialm-Hochleger, von wo sie zum Gipfel ansteigt. Eine andere, die kaum durchgeführt wird, startet am Nordrand des Großen Ahornbodens. Sie steigt unter der Schaufelspitze gegen Süden an und führt zwischen Bärenwandkopf und den Westabstürzen des Sonnjochs in die Fauleng, von wo sie zum Gramaialm-Hochleger und weiter zum Gipfel ansteigt. Die grimmigste Route führt aus dem Falzturntal steil gegen Nordwesten durch den Bärenlahner hinauf, durch den Bärenlahnersattel und dann mühsam und ausgesetzt gegen Süden zum Gipfel. Der am häufigsten durchgeführte Anstieg beginnt bei der Gramaialm und ist hier vorgestellt.

Hinter dem Wirtshaus **Gramaialm** muss man gleich nach den Almgebäuden links über den Bach und in den Gramaier Grund hinein. Unter dem steilen Lunstkar, das sich von Osten aus dem Lunstsattel herabzieht, zweigt man rechts ab und folgt dem breiten Wanderweg nach Nordwesten. Er quert einen Bachgraben und steigt forsch auf der Nordseite eines Taleinschnitts an. Der vielbegangene Bergweg führt in ein steiles Tälchen, bis er schließlich den **Gramaialm-Hochleger** erreicht.

Vom Hochleger folgt man nur ein paar Meter dem Weg gegen Westen, dreht an der Abzweigung rechts ab, um nach Norden auf einer Pfadspur über freie Hänge wei-

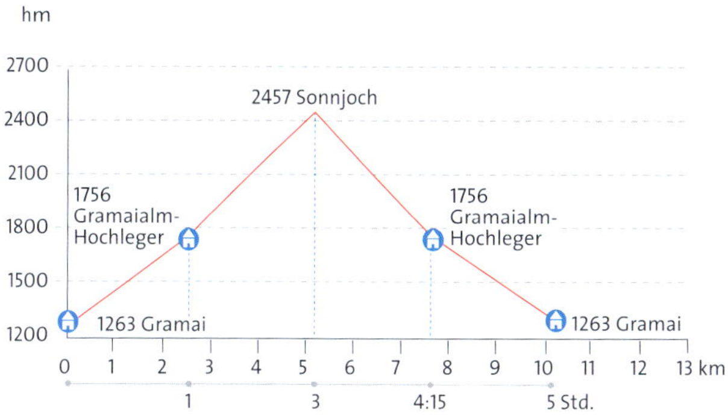

ter aufzusteigen. Über dem breiten Sattel zwischen Bärenwandkopf und Sonnjoch schwenkt der Bergweg nach rechts und führt auf den Ostrücken des Sonnjochs zu. Er verläuft über eine Gratschneide, die nach beiden Seiten steil abbricht, steigt in einem steilen Hang über Fels und Geröll weiter an, schwenkt ein wenig nach rechts und flacht etwas ab. Nun geht es gegen Osten über den langen Gipfelrücken hinauf, über einen unbedeutenden Vorgipfel und das letzte Stück zum **Kreuz** hinüber.

Der Abstieg verläuft entlang der Aufstiegsroute.

Der klobige Sonnjochgipfel.

Bettlerkarspitze
2268
1986
Bettlerkar
Gramaigraben
Schaufelspitze
2306
1994
Bärenlahner Sattel
Faule Eng
Bärenlahner
Gramaikar
Sonnjoch
2457
Bärenwandkopf
1871
14
Königskopf
1955
Gramaisattel
1834
Gramai Hochleger
1756
1816
Kashütt'n
Knödelhütt'n
Gramaialm
2017
Gramaijoch
Alpengasthof Gramai
1263
1903
Binssattel
(Gramaisattel)
1502
Hahnkampl
2080
Gramaier Grund
1645
Binsalm-Hochleger
Westl. Lamsenjoch
1940
1506
Rauher Knöl
2278
Kaisergrat
Lamsenspitze
Schafkarspitze
Östl. Lamsenjoch
0
350 m

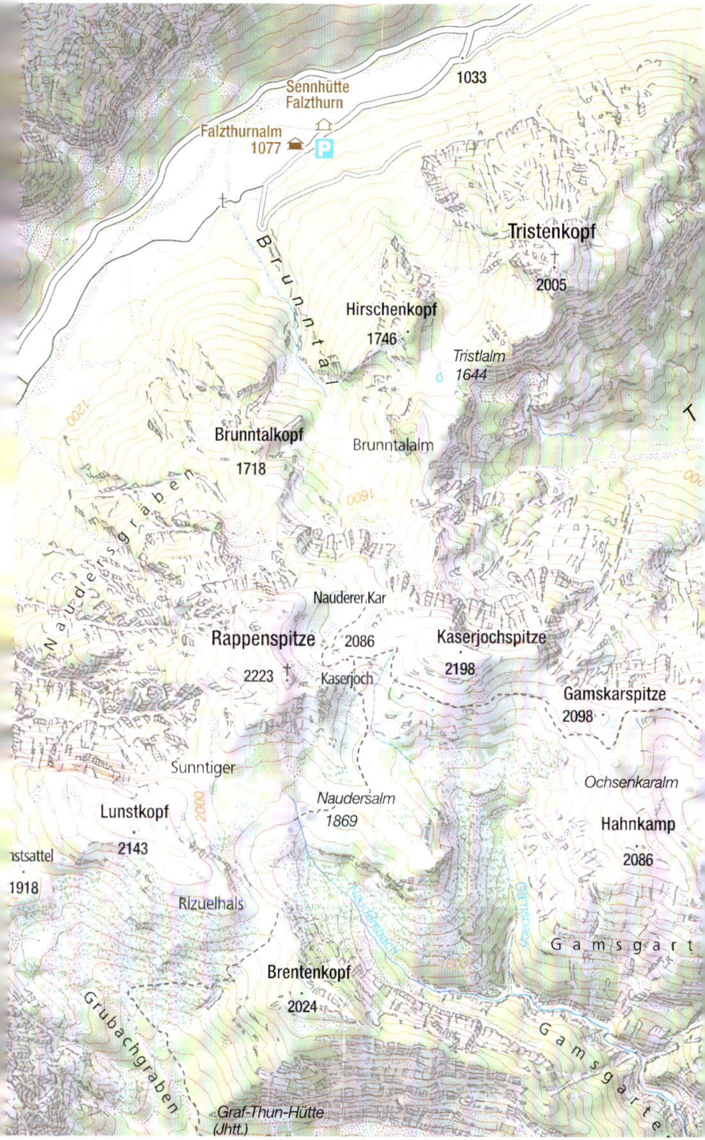
Sennhütte
Falzthurn
Falzthurnalm
1077
1033
Tristenkopf
2005
Brunntal
Hirschenkopf
1746
Tristlalm
1644
Brunntalkopf
1718
Brunntalalm
1200
1600
Naudersgraben
Nauderer Kar
Rappenspitze
2086
Kaserjochspitze
2223
Kaserjoch
2198
Gamskarspitze
2098
Sunntiger
Ochsenkaralm
Naudersalm
1869
Lunstkopf
2000
Hahnkamp
2143
2086
1918
Rizuelhals
Naudersbach
Gamsbach
Gamsgart
Brentenkopf
1800
2024
Grubachgraben
Gamsgarten
Graf-Thun-Hütte
(Jhtt.)

1: 35 000

15. Rappenspitze, 2223 m

Rundtour mit leichtem Anstieg und aufregender Abstiegsvariante

Ausgangspunkt: Falzthurnalm im gleichnamigen Tal (Pertisau), 1089 m | **Charakter:** lange, aber prächtige Rundtour mit relativ anspruchsvollem Abstieg, der Trittsicherheit, Schwindelfreiheit und etwas Orientierungsgabe verlangt | **Einkehr:** Falzthurnalm und Gramaialm | **Karte:** KOMPASS Nr. 26

Schwer | 13,5 km | 1260 hm / 1260 hm | 7:30 Std.

Der aus der Ferne markant wirkende Gipfelzahn der Rappenspitze verschafft sich allein schon durch sein Aussehen Respekt, den er – auf der vorgeschlagenen Aufstiegsroute – nicht verdient. Spannender ist die Etappe, die den langen Abstieg einläutet. Für Interessierte: Die Rappenspitze eignet sich für verwegene Skitouren- und Firngleiterfahrer als verschwiegenes Frühjahrsziel!

Unmittelbar von der **Falzthurnalm** führt gegen Südosten ein markierter Weg in den Wald, passiert eine Forststraße und steigt zwischen Hirschenkopf und Dristkopf durch ein steiles Kar an. Bei der **Dristlalm** flacht das Gelände neben einem kleinen Bergsee ab, schwingt sich hinter der Almhütte wieder auf und steigt gegen Süden durch schütteren Lärchenwald zu einem Rücken auf. Von ihm kurz abwärts, über einen scharfen Grat und dann hoch über dem Brunntal in ein Geröllfeld hinein. Der Weg führt ein wenig nach rechts, quert das Geröll und erreicht das weite Nauderer Kar. Bei der Wegverzweigung im Kar hält man sich rechts und geht zum Nordrücken hinauf. Das letzte Wegstück führt viel einfacher als es von unten aussieht, aber steil zum **Gipfel** hinauf.

Der spannende Abstieg führt zuerst auf einem Bergpfad über den Südrücken zunächst durch Grieß, dann auf einer alten Steiganlage, hinab. Da die Seile fehlen, muss man dort trittsicher und schwindelfrei sein. Weiter unten weitet sich der Rücken und wird am markierten Wanderweg nach links (gegen Südosten) verlassen, um in einem Bogen zur **Naudersalm** abzusteigen.

Anschließend folgt ein Gegenanstieg über knapp 100 Höhenmeter zum **Rizuelhals**. Von dort nach rechts den breiten Wanderweg

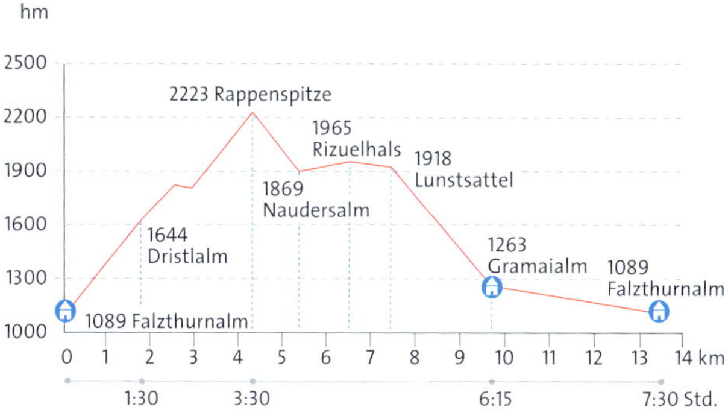

verlassen und zu einem schmalen Steig, der durch Wiesen und Latschen gegen Westen zum **Lunstsattel** abfällt. Von ihm durch das steile Lunstkar hinunter. Noch vor dem Gramaier Grund gabelt sich der Weg. Dort rechts und zur **Gramaialm** in geringem Gefälle weiter. Am Wanderweg, rechts neben der Fahrstraße, geht es dann durch das lange Tal ziemlich flach zur **Falzthurnalm** zurück.

Der markante Gipfelzahn der Rappenspitze.

Bettlerkarspitze
2268
Bettlerkar
1986
Schaufelspitze
2306
Faule
Eng
1994
Bärenlahner Sattel
Bärenlahner
Gramaikar
Sonnjoch
2457
15
1200
1218
Königskopf
1816
Gramai
Hochleger
1756
1600
Kashütt'n
Knödelhütt'n
Gramaialm
Alpengasthof
Gramai
1263
1903
Binssattel
Hahnkampl
2080
Gramaier Grund
15
Luns
Lunstsattel
1918
1600
Westl. Lamsenjoch
1940
1506
Rauher Knöll
2278
Grubach
enspitze
0 350 m

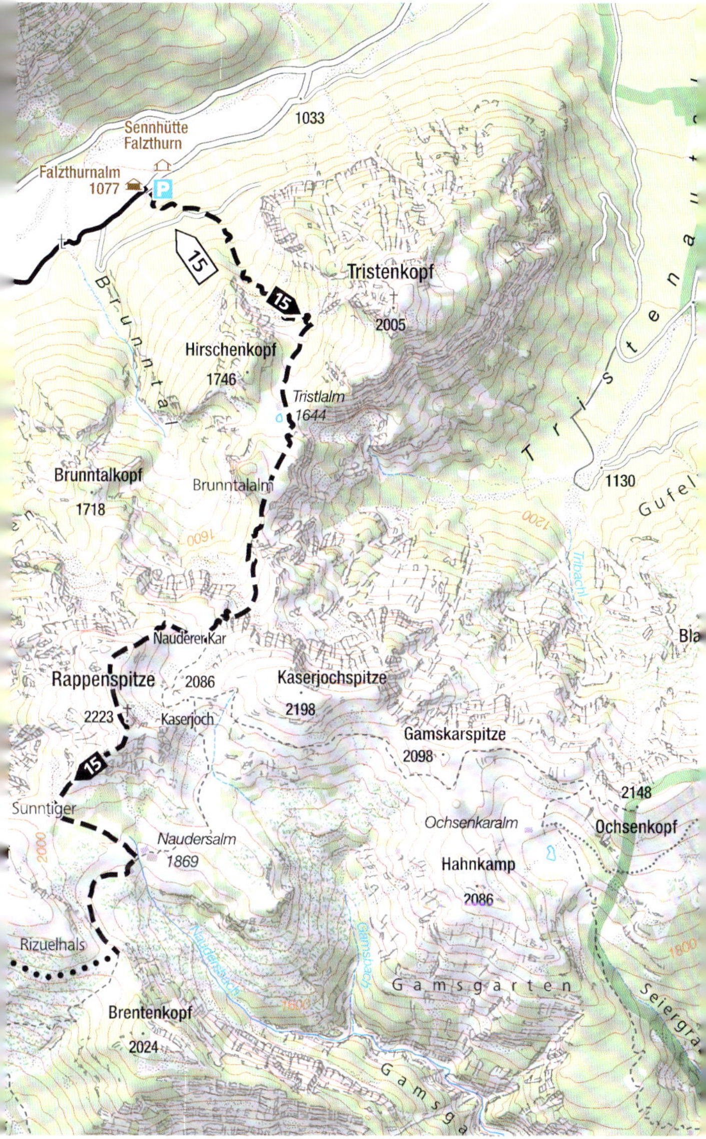
Sennhütte
Falzthurn
Falzthurnalm
1077
1033
15
Tristenkopf
2005
Hirschenkopf
1746
Brunntal
Tristlalm
1644
Tristenau
1130
Gufel
Brunntalkopf
1718
Brunntalalm
1600
1200
Tribachl
Nauderer Kar
Rappenspitze
2223
2086
Kaserjoch
Kaserjochspitze
2198
Gamskarspitze
2098
2148
Ochsenkopf
Ochsenkaralm
Sunntiger
Naudersalm
1869
Hahnkamp
2086
2000
Rizuelhals
Naudersbach
Gamsbach
Gamsgarten
1800
Seiergra
Brentenkopf
2024
Bla

1:35 000

16. Natternwand, 1618 m

Einsame Route für Entdecker

Ausgangspunkt: Köglboden (Steinberg am Rofan), 970 m
Charakter: einsame, unmarkierte und im Gipfelbereich weglose Tour, die gutes Orientierungsvermögen verlangt
Karte: KOMPASS Nr. 182

Mittel | 8,3 km | 650 hm 650 hm | 3:30 Std.

Diese Tour ist etwas für Einsamkeitsfanatiker, denn auf die stille Natternwand, die südlich des Blaubergkamms steht, gibt es nicht einmal ein Weglein hinauf, und deshalb ist der Berg höchst selten besucht. Das tut natürlich seiner Schönheit keinen Abbruch, und im Gipfelbereich geizt der Berg nicht mit großartigen Landschaftsbildern. Man muss sich aber in weglosem, felsdurchsetzten, steilen Waldgelände zurecht finden, bis man sich auf dem prächtigen Gip-

Die Natternwand, wie sie sich vom Schneidjoch zeigt.

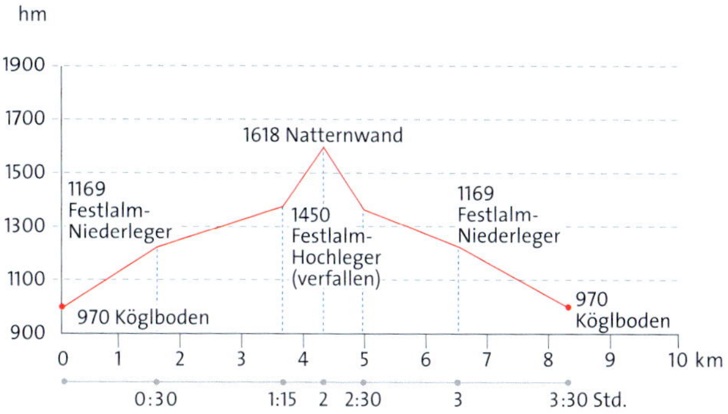

fel niederlassen kann und das ist nicht immer einfach.

Am **Köglboden** gibt es einen sehr kleinen Pkw-Stellplatz. Von ihm folgt man einer Forststraße anfangs fast eben nach Osten, geht nach zwei Kehren gegen Norden weiter und durch eine Linkskurve. Etwa 150 m weiter vorne ist ein Holzlagerplatz. Bei ihm zweigt nach rechts eine alte Wegtrasse ab, die im Wald in einem weitem Linksbogen gering bergauf führt und ein Straßendreieck erreicht. Man quert dieses geradeaus und geht auf einem Fahrweg bis zur Abzweigung einer Fahrspur weiter, die nach links zum **Festlalm-Niederleger** führt.

Noch vor der Alm hält man sich rechts und geht zum Waldrand hinauf, um einer Traktorspur zu folgen. Vom Ende dieser Fahrspur geht es am Zaun entlang und über einem tiefen Bachgraben nach Nordwesten zu einer sehr breiten Forststraße hinauf. Auf ihr in geringer Steigung nach rechts weiter, dann zuerst durch eine enge Rechtskurve und weiter oben durch eine enge Linkskehre, bis zur freien Wiese des verfallenen **Festlalm-Hochlegers**. Dort die Forststraße nach links verlassen und am rechten Rand der Wiese in den Wald hinein.

Zunächst geht es gemütlich durch eine breite Talmulde hinauf, doch nach rund 250 m wird es spannend. Man hält sich links und steigt immer durch den Wald auf. Dabei streng darauf achten, dass man rechts von zwei in Anstiegsrichtung verlaufenden Felsenriegeln bleibt. Wer alles richtig macht, kommt zuletzt durch eine enge Felsenrinne auf den landschaftlich prächtigen Gipfelkamm. Von der Grathöhe sind es nach rechts noch ein paar Meter durchs Krummholz und schon steht man neben dem **Gipfelkreuz**.

Der Abstieg verläuft im Wesentlichen entlang der Aufstiegsroute.

1315
1540
Blaubergalm
1787
Wichtlplatte
1540
Mahmoosbach
1286
1189
Bärenmoos
Im Sattel
Natternwand
1400
1618
1336
Mahmooskopf
1522
Rotmöserkopf
Festlalm-Hochleger
1057
Festlalm-
Niederleger
1169
Roßstand
1267
16
1100
Köglboden
16
Köglköpfl
963
Ampelsb.
Mairalm
1007
Pulverer
Mahd
Schwarzenbach
Untere Bergalm
(Waldfrieden)
0
350 m

1450 Bayerische Wildalm
Schattlahner
1617
1629
Schönleitenalm
1478
1433
Gufferthütte
(L.-Aschenbrenner-Hütte)
1465
1374
Brandenberger Roßalm
Jagereralm
Filzmoosbach
Ombrometer
Ludern-
alm
1400
1433
Schlag-Hochalm
W i l d a
Etruskische
Inschriften
Schlag-Niederalm
Angernalm
1811
Wildalm
Schneidalm
Schneidjoch
1600
enbachalm
eißbach
1466
Stubachalm
1371
Issalm
1413
Guffertspitze
2195
1400
1800
1765
Schmidtquelle
1963
Guffertstein

17. Schneidjoch, 1905 m

Zu den Steinberger Inschriften

Ausgangspunkt: Parkplatz Ampelsbachtal (Steinberg am Rofan), 963 m | **Charakter:** sehr schöne und interessante, aber lange Rundtour mit kurzen Stellen, die Trittsicherheit und Schwindelfreiheit verlangen | **Karte:** KOMPASS Nr. 28

Mittel | 14,6 km | 1100 hm 1100 hm | 6 Std.

Oft wird das Schneidjoch durch das sehr lange Ampelsbachtal bestiegen. Der hier vorgestellte Aufstieg über die Schneidalm ist zwar anspruchsvoller, aber auch viel schöner. Den langen Talhatscher hebt man sich besser für den Abstieg auf.

Vom Eingang in das **Ampelsbachtal** (Parkplatz des Ludwig-Aschenbrenner-Hauses) folgt man knapp eine halbe Stunde dem Fahrweg durch das Tal, bis nach rechts eine Fahrspur abzweigt. Sie fällt in eine wilde Bachschlucht ab und quert auf einer alten Brücke den Bach. Dort nach rechts in einem Seitental auf altem Fahrweg rund 350 m weit hinauf. Bei einer breiteren Stelle des Taleinschnitts den Bach queren. Dort ist kein Weg erkennbar. Erst auf der gegenüberliegenden Hangseite kann man eine Pfadspur erahnen, die gegen Südwesten den Hang entlangführt. Hinter einer Reisse steigt die Spur steil an, und es lassen sich sogar alte Markierungszeichen erkennen. Ihnen folgend in dichten Wald hinein und auf deutlichem Weg weiter. Der Hang flacht ab und der Wald wird heller. Auch wenn sich die Pfadspur wieder verliert, geht man einfach geradeaus zu einem breiten Waldrücken weiter und stößt auf einen Rückeweg. Er ist gut markiert, steigt nach links über den Rücken auf und lange gegen Osten dahin.

Im weiteren Verlauf wird die Route ziemlich steil, und der Rücken schnürt sich zwischen zwei tiefen Bachtälern zusammen. Anschließend dreht der Pfad links ab und steigt auf dem Rücken nach Norden an.

Dann wird es richtig aufregend, denn am oberen Rand einer Schlucht ist auf etwa 10 Meter ein felsiges Hindernis zu überwinden. Bei Schnee oder Eis kann das richtig gefährlich oder gar unmöglich sein. Gleich darauf steht man vor der Hütte der **Schneidalm**. Bei ihr nach rechts hinauf und über einen

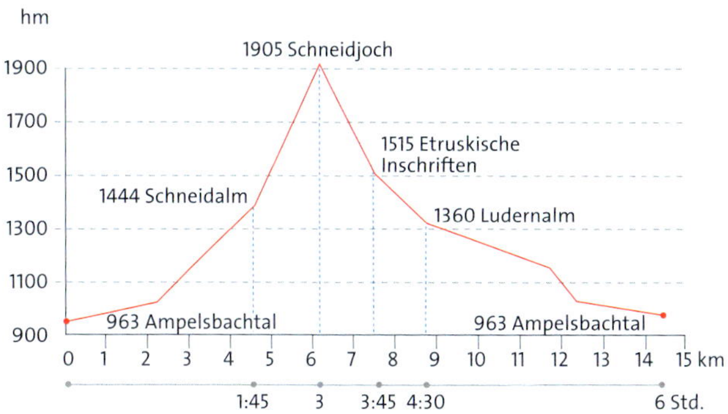

KOMPASS HIGHLIGHT

Die Steinberger Inschriften
Im Jahr 1957 wurden von zwei Wanderern Felsinschriften aus der La-Tène-Zeit (zweiter Abschnitt der europäischen Eisenzeit) wiederentdeckt. Die alten Schriftzeichen waren vergessen und vorher nie wissenschaftlich bewertet worden. Sie haben sich als Dank- und Weihinschriften in subalpinem, nordetruskischen Alphabet entpuppt, die man teilweise übersetzen konnte. Die verewigten bedanken sich beim Gott Castor für das geschöpfte Wasser. Und tatsächlich hat man in dem Felsenspalt eine dauerhafte Quelle mit frischem, kühlem Wasser freigelegt. Auch heute noch bietet der reine Quell an dem kleinen Rastplatz dem Wanderer angenehme Erfrischung, wenn er sich an der Kultstätte niederlässt, die zu einem Europäischen Kulturdenkmal erklärt und mit einem Gitter abgesperrt ist.

Wiesenhang. Am Waldrand rechts schwenken und gegen Südosten ein paar Meter abwärts. Dann in geringer Steigung am Sonnenhang weiter, dem Weglein folgend links schwenken und in den Schneidjochsattel hinauf. Im breiten Sattel abermals links halten und in übersichtlichem Gelände nach Westen weglos, aber leicht zum **Schneidjochgipfel** hinauf.

Vom Gipfel geht es entlang der Aufstiegsroute in den Schneidjochsattel hinunter. Im Sattel links herum gehen und auf markierter, aber vom Weidevieh ruinierter Wegspur auf Lehmhängen und durch Latschenbänder in die Nähe der Angernalm hinab. An deutlich beschilderter Stelle links abdrehen und auf schmalem Pfad im Wald nach Westen an markanten Felsenwänden vorbei zu den **Steinberger Inschriften**.

Von dort entlang der Routenmarkierung durch feuchten Wald steil nach Norden zur Wasserfassung absteigen und über einen Bachgraben und auf einer nassen Wiese zu einer Fahrspur, die in weitem Bogen zur **Ludernalm** führt. Von der Alm auf einem Sträßchen dem Filzmoosbach entlang nach Nordwesten zu einer Straßenkreuzung hinab. Bei ihr geradeaus und durch das lange **Ampelsbachtal** zum Ausgangspunkt zurück.

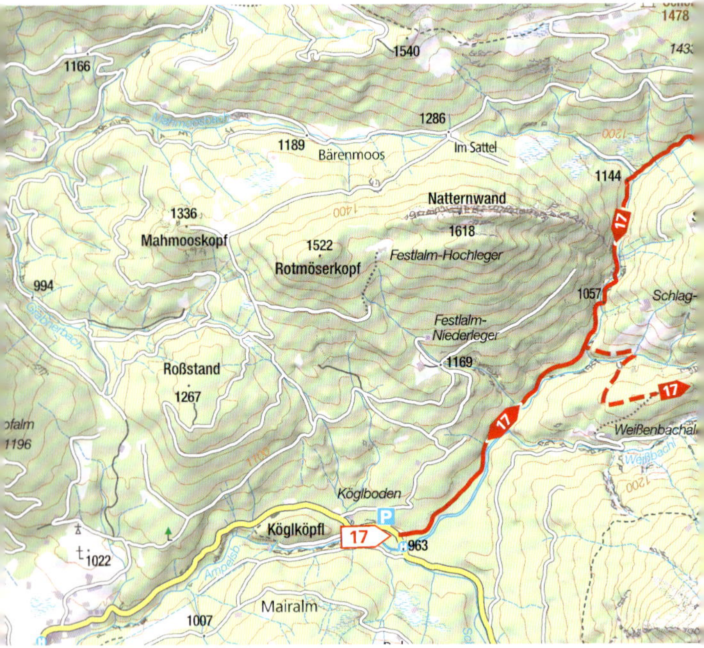

KOMPASS

0 500 m

Die Schneidalm beim Anstieg auf das Schneidjoch.

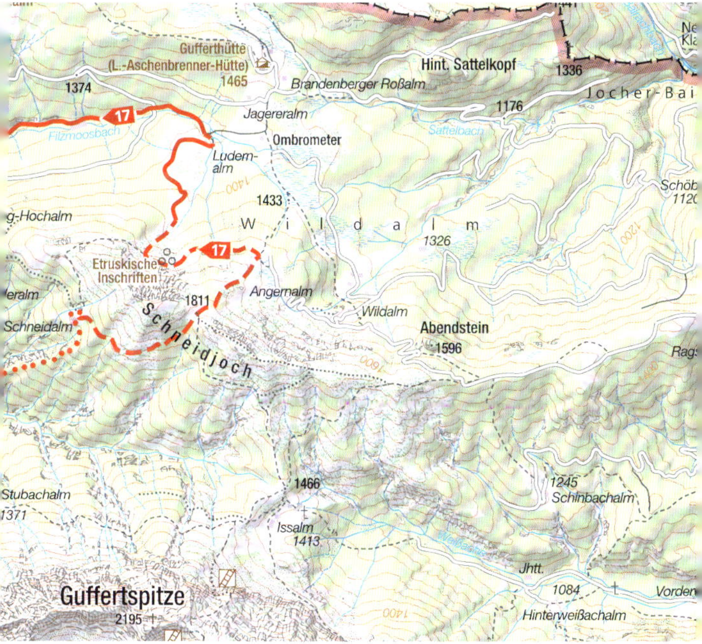

18. Guffert, 2195 m

Die klassische Route auf der Südseite

Ausgangspunkt: Steinberg am Rofan (Unterberg), 1000 m
Charakter: steile, beliebte und lange Rundtour mit relativ einfacher Steiganlage auf dem Gipfelgrat | **Einkehr:** Gasthaus Waldhäusl am Ausgangspunkt | **Karte:** KOMPASS Nr. 28

Schwer | 11,5 km | 1270 hm 1270 hm | 5:45 Std.

Der Guffert zeigt sich von jeder Seite mit einem anderen Gesicht. Am markantesten sieht er von Westen aus, wo er wie ein spitz zulaufender Zahn in den Himmel ragt. Von den Nord- und Südseiten her wirkt er wie ein breiter Rücken, und von Osten fehlt ihm das scharf geschnittene Aussehen ein wenig. Der Guffert ist somit auch ein Berg, der fast für jede Spielart des Alpinisumus, vom gemütlichen Wandern mit zackiger Gipfeleinlage bis hin zu strammen Klettertouren etwas zu bieten hat. Selbst Skitourengeher kommen dort auf ihre Kosten, wenn sie steile Aufstiege und noch steilere Abfahrten nicht scheuen.

Vom **Gasthaus Waldhäusl** führt ein Wanderweg gegen Norden in den Wald und stößt bald zu einer Forststraße. Nun diese links haltend queren und gleich darauf wieder auf eine Straße, der man kurz nach Norden folgt. Dann auf einem schmalen, markierten Bergpfad relativ lange gegen Norden durch den Wald dahin, einige Bachläufe queren und am Punkt 1423 m rechts abdrehen.

Nach einigen Serpentinen wird der von Lawinen zerstörte Wald verlassen und man kommt an eine breite Rinne heran. Durch sie hinauf und den Markierungszeichen folgend wieder nach rechts aus

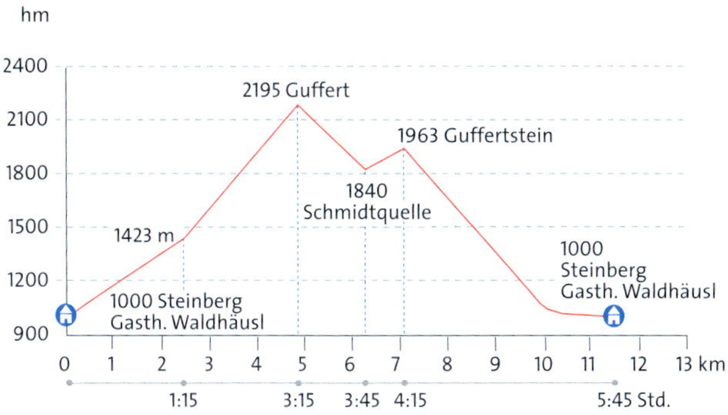

der Rinne heraus. Im Felsengelände nach Norden steil aufwärts und neben der Rückfallschulter, einer steilen Felswand (Kletter-Übungsgelände), nach einer Kante in flacheres Latschengelände hinein. Bei der Wegverzweigung links halten und zu einer weiteren Weggabel. Dort wieder links gehen. Man kommt anschließend über mäßig geneigtes Schrofengelände nach Nordwesten zum felsigen Ostgrat. Über ihn, stellenweise etwas eng und am Drahtseil, aber nicht besonders schwierig, zum **Gipfelkreuz** des Gufferts hinauf.

Der Abstieg führt über den Ostgrat hinab und der geraden Wegspur folgend in die Talmulde zwischen Guffertspitze und **Guffertstein**. In moderater Steigung auf markiertem Weg durch Latschengebüsch nach Südosten auf den breiten Sattel östlich des Guffertsteins. Von ihm nach Süden hinab.

Anfangs im Latschenbuschwerk, später im Wald und durch Lichtungen, an der Luxeckalm vorbei, zum Forchkogel und weiter auf einem Ziehweg, über den eine Forststraße erreicht wird. Auf ihr links nach Obing hinab. Dann auf der Asphaltstraße gegen Westen zum **Waldhäusl** zurück.

Gipfelbrotzeit für alle auf dem Guffert.

Köglboden
Köglköpfl
963
Ampelsb.
Mairalm
Pulverer
Mahd
Schwarzenbach
Untere Bergalm
(Waldfrieden)
Grünkopf
Obere Bergalm
1029
1868
Hinterunnutz
2007
1160
1023
Flußbach
Neu
Zwölferkopf
1513
Hangartkopf
1516
Hochunnutz
2075
Schaarwand
Schlagkopf
1867
1688
2078
Vorderunnutz
Schaarwandkopf
Kotalm
1449
1800
KOMPASS
0
350 m

Stubachalm
1371
Issalm
1413
Weißbach
Guffertspitze
2195
1800
1400
18
Schmidtquelle
1765
1963
Guffertstein
1423
Sandegg
1849
wand
1200
Luxegg
Luxeggalm
Obinger Moos
Kitzstein
1625
Waldhäusl
Unterberg
Vordersteinberg
ASI-
Lodge
Mühlbach
1082
Silberwaldhütte
(nur Wi.)
Liftstüberl
(nur Wi.)
Loch
Durrahof
1017
Steinberg
am Rofan
1010
Hintersteinberg
Gfaßsattel
1226
Gfaßköpfe

1:35 000

19. Hochunnutz, 2075 m und Vorderunnutz, 2078 m

Die Unnutz-Überschreitung

Ausgangspunkt: Parkplatz beim stillgelegten Sonnberglift in Achenkirch, 950 m | **Charakter:** schöne Rundtour mit ein paar Stellen, die Trittsicherheit und Schwindelfreiheit verlangen **Einkehr:** Zöhreralm, Köglalm | **Karte:** KOMPASS Nr. 28

Mittel | 14 km | 1350 hm 1350 hm | 6:30 Std.

Die drei Unnutzgipfel, Hinterunnutz, Hochunnutz und Vorderunnutz (manchmal auch Unnütz genannt) liegen in einer Nord-Süd-Linie aufgereiht, und bis auf den Hinterunnutz, der auf der vorgestellten Route nicht ganz erreicht wird, werden die Gipfel bei dieser Tour überschritten.

Vom **Seilbahnparkplatz** auf der Straße nur kurz gegen Norden. Dann steigt man entweder auf dem monotonen Forstweg zur Zöhreralm auf, oder schöner und kürzer, aber deutlich steiler, mehrmals einen Fahrweg querend auf dem Wanderweg gegen Nordosten durch den Wald. Einmal muss man auf der Straße kurz links gehen, bis man wieder am Weg weiter aufsteigen kann. Kurz vor der **Zöhreralm** führt dieser in eine Lichtung, und dann wird die Wirtschaft erreicht.

Von der Jausenstation nach rechts, also gegen Osten über steile Wiesenhänge wieder in den Wald hinein. Der Berg schwingt sich auf und wird felsiger. Die Route verläuft nahe an die markanten Steilabbrüche des Hinterunnutz heran. Aus dem dichten Latschenbuschwerk sieht man zu einem Kreuz hinüber, das zwischen Hinter- und Hochunnutz steht.

Die Wegspur fällt etwas ab und steigt dann durch eine steinige Wiese zum breiten Gipfel des **Hochunnutz** an. Von dort in den Sattel zwischen Hoch- und Vorderunnutz hinab. Die Markierung folgt der Westseite des Grats, ehe sie über steile Felsen auf die östliche Gratseite wechselt. Dann führt der Anstieg an die Ostflanke des Berges heran und über diese steil zum Kreuz auf dem **Vorderunnutz**.

Nach der Rast auf dem weitläufigen Gipfel des Vorderunnutz, von wo man schön zu den bizarren Felsenbergen des Rofans hinübersieht, steigt man das erste Stück gegen Süden ab. In einer ausgedehnten Wiese verzweigt

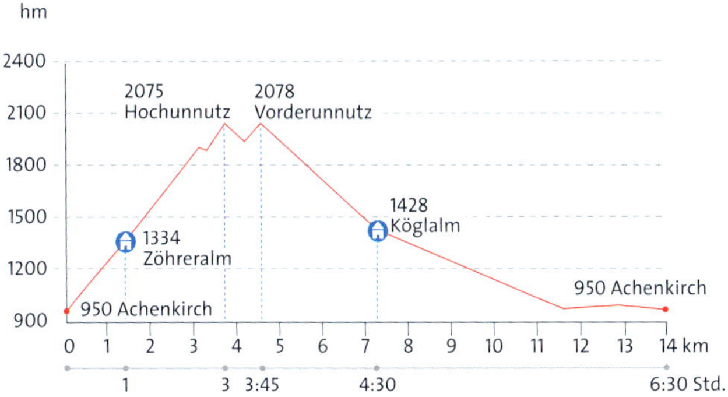

sich der Pfad. Dort geradeaus durch Krummholz zu einer Wegverzweigung vor dem Kögljoch. Dort rechts haltend zur **Köglalm**, wo ein Fahrweg erreicht wird. Nun aber nicht auf der Straße absteigen, sondern geradeaus weiter, an der Jausenstation Köglalm vorbei und auf dem guten Wanderweg steil hinunter. Er dreht etwas nach rechts und stößt zu dem von der Köglalm herabkommenden Sträßchen. Auf diesem an der Kaiser-Maximiliansrast vorbei und bis zur Fahrwegverzweigung fast im Tal. Knapp vor dem Cordial-Hotel rechts schwenkend, wieder aufwärts, bei der ersten Verzweigung links und in mehrmaligem geringem Auf und Ab zum **Ausgangspunkt** zurück.

Strammer Aufstieg zum Hochunnutz.

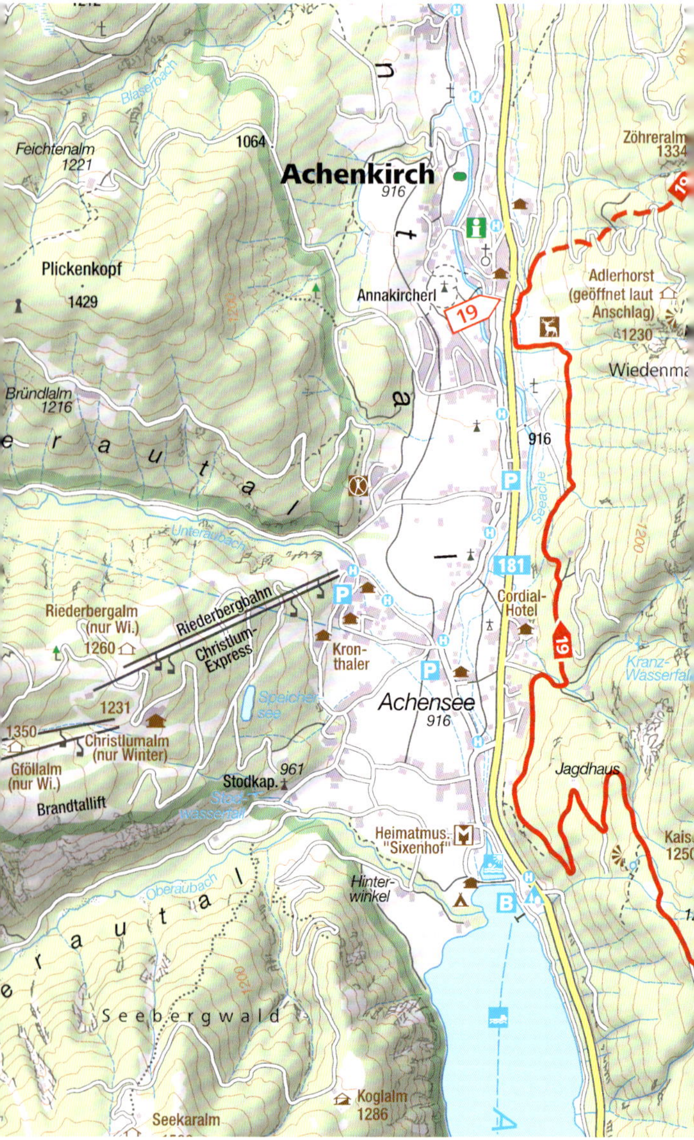
Achenkirch
916
Feichtenalm
1221
1064
Blaserbach
Plickenkopf
1429
Annakircherl
19
Zöhreralm
1334
Adlerhorst
(geöffnet laut
Anschlag)
1230
Wiedenma
Bründlalm
1216
916
Seeache
Unteraubach
181
Cordial-
Hotel
Riederbergalm
(nur Wi.)
1260
Riederbergbahn
Christlum-
Express
Kron-
thaler
Kranz-
Wasserfa
Speicher-
see
Achensee
916
1231
1350
Christlumalm
(nur Winter)
Gföllalm
(nur Wi.)
Jagdhaus
961
Stodkap.
Stod-
wasserfall
Brandtallift
Heimatmus.
"Sixenhof"
Kais
1250
Oberaubach
Hinter-
winkel
Seebergwald
Koglalm
1286
Seekaralm
KOMPASS
0
350 m

Grünkopf
Obere Bergalm
1029
1868
Hinterunnutz
2007
1160
Zwölferkopf
1513
Hangartkopf
1516
Hochunnutz
2075
Schaarwand
Schlagkopf
1688
2078
1867
Vorderunnutz
Schaarwandkopf
19
1800
Schönjochseite
1710
Schönjochalm
1287
Kögljochbach
Köglerköpfe
Köglalm
1431
Hasel-
barschkopf
Kögljoch
1487
Wurzengraben
1400
Fuchslochgraben
Rosentalgraben
Rauhkopf
1552
s'Kuppal
1691

20. S'Küppal, 1691 m

Gemütliche und stille Gipfelwanderung

Ausgangspunkt: Parkplatz oberhalb dem Fischerwirt an der B 181 bei Achensee, 930 m | **Charakter:** leichte Rundtour, die über der Köglalm Orientierungsgabe verlangt; teilweise weglos
Einkehr: Köglalm | **Karte:** KOMPASS Nr. 28

Leicht | 8,3 km | 770 hm 770 hm | 4 Std.

S'Küppal ist so unauffällig, dass nicht einmal ein Pfad zum höchsten Punkt hinaufführt. Trotzdem ist es leicht erreichbar, denn das Gelände ist übersichtlich und gut begehbar.

Vom **Fischerwirt** geht man zuerst über eine Brücke und dreht gleich hinter dem Hotelgebäude links ab. Der Wanderweg unterquert die Bundesstraße und schwenkt links ab. Unmittelbar hinter der Viehsperre rechts abzweigen und kurz steil in den Wald hinauf. Anschließend gering ansteigend nach Südosten weiter.

Der Bergweg schlängelt sich in Kehren spürbar steiler hinauf und quert einen steilen Bachgraben. Bei der Verzweigung rechts halten, also gegen Südosten weiter. Der Weg flacht ab und führt über eine breite Forststraße. Dann dreht die Route in weitem Bogen nach Nordosten ab und stößt zur Verzweigung der Forststraße, die vom Hotel Cordial heraufkommt. Dort verlässt die Route die Forststraße nach rechts.

Beim Klaustalgraben schnürt sich die Fahrspur zu einem Steig zusammen, knickt rechts ab und verläuft gegen Südosten weiter. Anschließend geht es durch ein paar Gräben und zwischendurch auch ein paar Mal über kurze, steile, felsige Etappen. Im lichten Kiefernwald dreht der Weg schließlich links ab und führt relativ steil bergan. Anschließend kommt man auf eine Almwiese und von dort zur **Köglalm**.

KOMPASS INFO

Vom Cordial-Hotel herauf
Eine beliebte Route führt auf langem Fahrweg vom Cordial-Hotel in Achensee sehr einfach zur Köglalm herauf. Diese Variante ist zwar weiter, aber wesentlich flacher, und sie eignet sich sehr gut für Mountainbiker.

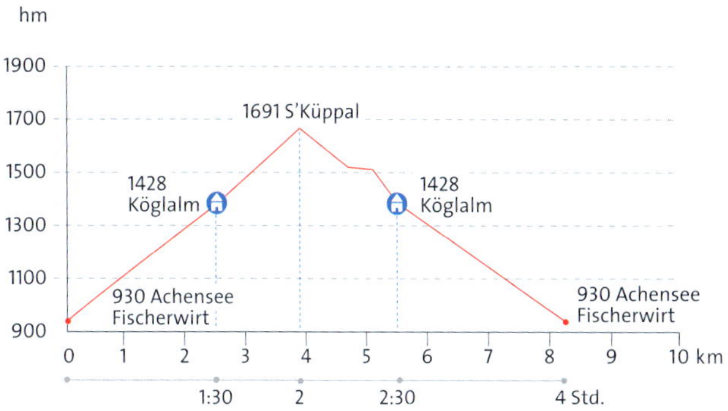

Von der Wirtschaft geht man gegen Osten zu den oberen Hütten der Köglalm hinauf und von dort auf breitem Weg nach Südosten am freien Hang weiter. In der scharfen Linkskehre rechts abzweigen und dem Wegweiser zum Kotalm-Mitterleger folgen. Von dort anfangs auf einer groben Fahrspur durch eine Mulde hinauf

Märchenhafter Herbstwald am Küppal.

und anschließend in lichten Wald hinein. Weiter oben flacht der markierte Bergweg deutlich ab und dreht ein wenig nach links. Dann geht es durch eine breite Lichtung in geringem Rechtsbogen etwas abwärts und zu einer Viehtränke. Beim Wassertrog den deutlichen, markierten Bergweg verlassen, um am Hang geradeaus zu einer Kante aufzusteigen. Auf der Hangkante endet die Trittspur und man hält sich etwas links.

In einer breiten Lichtung weglos, aber nicht besonders steil nach Osten hinauf. Die Waldwiesen flachen etwas ab, und bevor ein Flachstück erreicht wird, muss man rechts abdrehen. Im lichten Bergwald nun relativ steil nach Südosten hinauf. Es gibt keine Wegspur und man muss aufpassen, dass man nicht zu weit nach rechts kommt. Am Besten ist es, mehr oder weniger in der geraden Linie immer in den lichteren Bereichen aufzusteigen. Von dort sind es nur noch ein paar Minuten zur weiten, aussichtsreichen **Gipfelwiese**.

Wer nicht auf der gleichen Route absteigen will, kann weglos gegen Süden zum Zirmjoch, 1627 m, absteigen und von dort rechts haltend auf Wegspuren zur Aufstiegsroute zurückgehen.

Bei der Köglalm.

KOMPASS

0 500 m Aufgrund der Tourlänge Maßstab 1 : 50 000

21. Rofanspitze, 2259 m

Drei-Gipfel-Rundtour

Ausgangspunkt: Maurach, 980 m | **Charakter:** bis zur Rofanspitze leicht; der Übergang zu Sagzahn und Vorderem Sonnwendjoch verlangt etwas alpine Erfahrung | **Einkehr:** Erfurter Hütte | **Karte:** KOMPASS Nr. 28

Mittel | 18,8 km | 1400 hm 1400 hm | 6:45 Std.

Die Rofanspitze hat zwar dem ganzen Gebirge seinen Namen gegeben, ist aber nicht der höchste Gipfel des Rofans. Diese Ehre gebührt der Hochiss (siehe Tour 23). Die Schönheit der Berge kann man nicht in Metern messen, und deshalb gehört auch die Rofanspitze in die Riege der schönsten und beliebtesten Rofangipfel.

Vom Seilbahnparkplatz in **Maurach** zum oberen Parkplatz und nach links auf die Betonrasensteine der Skipiste. Über sie hinauf, eine Straße queren und am Rand der Skipiste auf dem Wanderweg hinauf. Neben dem Bach geradewegs nach Nordosten weiter (Wegweiser). Auf schmaler, steiler Fahrspur in den Wald hinein und an bezeichneter Stelle nach links durch den Bach. Der stark ansteigende, grobe Bergweg führt stramm hinauf. Bei der Wegverzweigung links halten und dem Wegweiser zur Erfurter Hütte folgen.

Der Weg quert im lichten Wald eine Fahrtrasse und bald darauf stößt er unter dem Naturfreundehaus zu einer Straße. Diese queren, am Naturfreundehaus vorbei unter der Seilbahn durch, noch durch einen kurzen Waldgürtel und auf freie Bergwiesen. Über sie in der Nähe der Piste hinauf, an der Wegverzweigung links halten und wieder in lichten Wald hinein. Dann wieder auf die Piste, an ihrem rechten Rand steil hinauf und in eine breite Scharte unter der

KOMPASS INFO

Mit der Seilbahn zur Erfurter Hütte
Wer sich den Anstieg zur Erfurter Hütte sparen will, kann mit der Seilbahn auffahren und die Tour erst bei der Erfurter Hütte beginnen, dann ist sie auch gut für Kinder geeignet. Man spart sich mit der Seilbahn rund 2 Stunden Aufstiegs- und 1,5 Stunden Abstiegszeit.

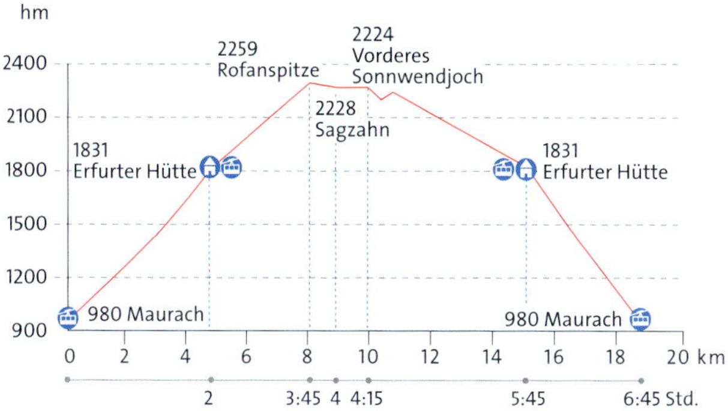

Mauritzalm. Von dort wären es zur Erfurter Hütte nur ein paar Minuten.

Wer mit der Seilbahn heraufgefahren ist, kommt von der **Erfurter Hütte** herüber (siehe Tippkasten).

Bald wird der Gipfel der Rofanspitze von Wolken eingehüllt sein.

Nun auf breitem Wanderweg nach Norden, an der Mauritzalm vorbei und bei der Verzweigung rechts weiter. Südlich des Gschöllkopfs im Wesentlichen nach Nordosten weiter und durch eine interessante Gebirgslandschaft mit zerklüfteten Felsenhängen und weiten Matten. An den schroff aufragenden Flanken der Roßköpfe vorbei und in die Gruberscharte. Nun hoch über dem stillen Grubersee allmählich auf die Wiesenhänge der Rofanspitze. Bei der Verzweigung links und zum kleinen **Felsengipfel** hinauf.

Von der Rofanspitze nach Osten zur Wegverzweigung, wo man rechts abdreht und gegen Süden auf den wild und felsig aufragenden Sagzahn zugeht, bis man an eine solide ausgebaute Klettersteiganlage herankommt. Auf ihr durch eine Felsenrinne steil zu einem Wiesenhang hinauf. Auf ihm links abdrehen und die letzten Meter zum Gipfel des **Sagzahns**.

Vom Sagzahn nach Süden hinab und in 15 Minuten auf schöner Bergwiese zum Vorderen **Sonnwendjoch**. Von ihm bis kurz vor den Sagzahn zurück und dann an markierter Stelle links abbiegen. Anfangs gegen Südwesten steil auf einer luftigen Steiganlage (größte Vorsicht bei Nässe!) und dann rechts abdrehend gegen Norden zum Querweg hinauf, der südöstlich der Rofanspitze erreicht wird. Auf ihm nach links, also gegen Westen zur Aufstiegsroute, der man ins **Tal** folgt.

Türkenbundlilie.

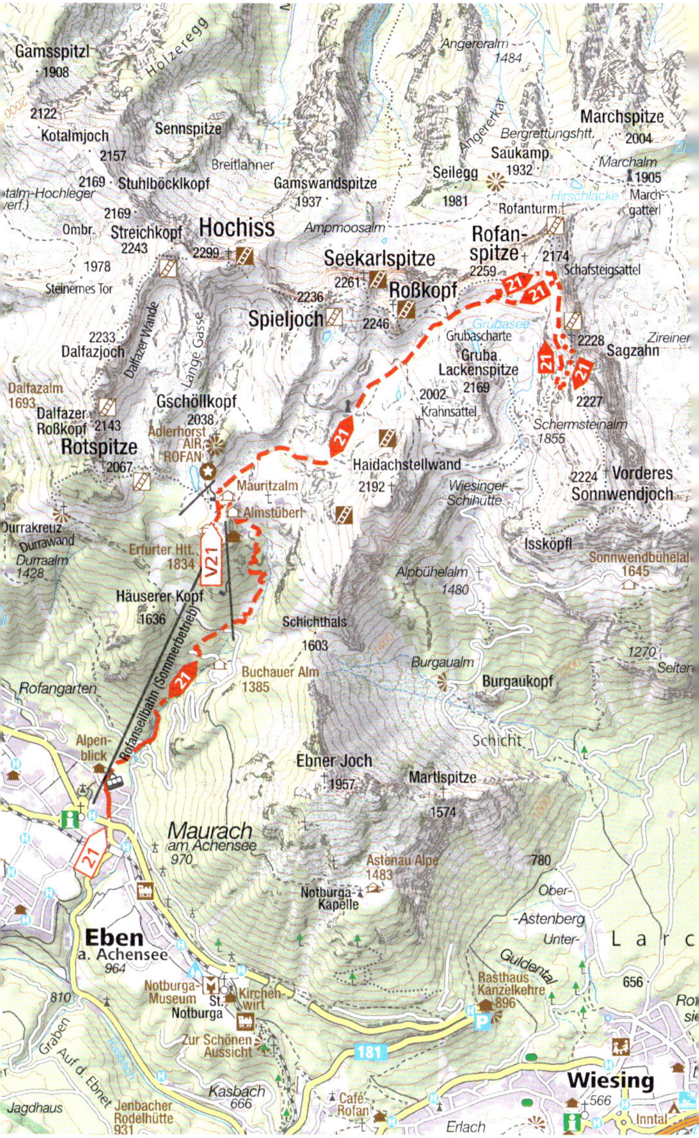

KOMPASS

0 500 m Aufgrund der Tourlänge Maßstab 1 : 50 000

22. Klobenjoch, 2041 m

Auf das gespaltene Joch

Ausgangspunkt: Buchau, 960 m | **Charakter:** bis auf ein paar Meter einfach, aber teilweise weglos; die Abstiegsvariante verlangt auf steilen Wiesenhängen Vorsicht | **Einkehr:** Dalfazalm
Karte: KOMPASS Nr. 28

Mittel | 8,5 km | 1100 hm 1100 hm | 6 Std.

Mitten im stark frequentierten Rofangebirge gibt es einen Berg, der sehr wenig Besuch bekommt. Es führt kein markierter Weg hinauf, und der Berg sieht so felsig aus, dass einem auf den ersten Blick eine Bergtour gar nicht in den Sinn kommt. Und doch ist der großartige Aussichtsberg, trotz seines grimmigen Aussehens, relativ einfach zu bewältigen.

Von **Buchau** folgt man dem beschilderten und markierten Weg Richtung Dalfazalm. Oberhalb der Waldgrenze verläuft die Route an der **Teisslalm** vorbei und relativ steil zur Jausenstation **Dalfazalm**. Über der Bergwirtschaft auf schmalem Steig nach links (gegen Nordwesten) zur Kaltwasser-Jagdhütte und anschließend in schütteren Wald hinein. Die von dort gegen Norden ansteigende Talmulde heißt s'Kühtalei. Dieses Tal zieht sich bis zum Joch zwischen Hechenberg und Klobenjoch neben scharf geschnittenen Felsenblöcken hinauf.

Im Joch schwenkt man rechts auf einen Steig ab und hält sich in der ersten schmalen Latschengasse, den Pfad verlassend, links. Durch diese Lichtung nun mäßig steil nach Norden hinauf, und schon bald lässt sich das Gipfelkreuz sehen. Knapp unter dem höchsten Punkt kommt man an einen rund einen Meter breiten Felsenspalt heran. Wer sich nicht zu springen traut, klettert kurz hinunter und drüben wieder hinauf. Gleich darauf ist der **Gipfel** erreicht.

Damit die Wanderung zu einer schönen Rundtour wird, folgt man der Pfadspur über den Gipfelrücken nach Osten weiter. Dabei sollte man sich genau an die Trittspur halten, sonst verirrt man sich unweigerlich in einem Labyrinth aus Latschenbuschwerk und tiefen Felsengräben.

Die undeutliche Spur stößt zu einem steilen Wiesenhang, über den man zwischen Felsabbrüchen vorsichtig nach Süden absteigt und

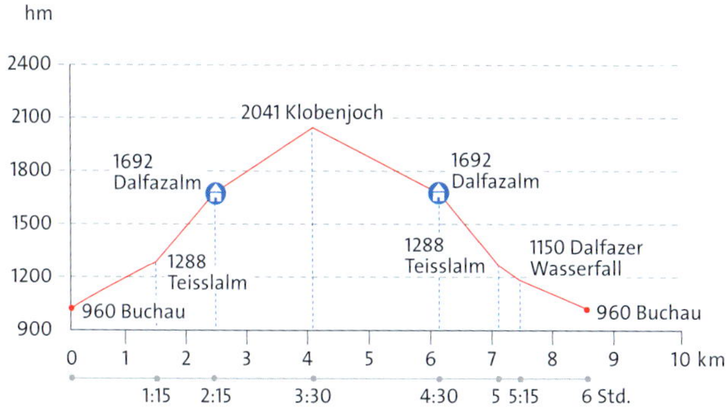

das Weglein erreicht, das vom Kotalmsattel herunterführt. Auf dem Weg geht man gemütlich zur **Dalfazalm** und entlang der Aufstiegsroute nach **Buchau** zurück. Dabei kann man ohne großen Zeitverlust einen lohnenden Abstecher zum Dalfazer Wasserfall einlegen.

Felsenspalt unter dem Gipfel des Klobenjochs.

Schwarzenau
Kotalmjoch
2122
2157
2169
Kotalm-Hochleger (verf.)
Jagdhtt.
Ombr.
1978
2041
Klobenjoch
Steinernes Tor
Haselbach
Brennten-graben
181
22
Hechenberg
2233
Dalfazjoch
Dalfazalm 1693
Dalfazer Roßkopf
2143
Steiniger Graben
Rotspitze
2067
Bergkristall
Bannwald
Teisslalm
Dalfazer Wasserfall
Durrakreuz
Durrawand
Durraalm 1428
Weiße Wand
Buchauer Wasserfall
Prälatenhaus
Buchau
Hubertus 930
Seecamping Wimmer
Rofangarten
Alpenblick
Seespitz
Dampf-Zahnradbahn
Seealm
Bärenbader Wald
Karwendel-Camping
Achenseer Museumswelt
Rofanseilb.
1400
1800
2000
120
80
KOMPASS
0
350 m

Marchspitz
2004
Bergrettungshtt.
Angererkar
Saukamp
1932
Marchalm
190
Seilegg
1981
Hirschlacke
Rofanturm
Breitlahner
Gamswandspitze
1937
Hochiss
2299
Ampmoosalm
Rofan-
spitze
2259
2174
Schafsteigsattel
Seekarlspitze
2261
Roßkopf
2246
2236
Spieljoch
Lange Gasse
Grubasee
Grubascharte
2228
Sagzahn
Gruba
Lackenspitze
2169
2002
Krahnsattel
2227
Gschöllkopf
2038
AIR
ROFAN
Schermsteinalm
1855
Mauritzalm
Almstüberl
Haidachstellwand
2192
Wiesinger
Schihütte
2224
Vordere
Sonnwendjoc
1834
Isskopfl
Sonnwendbüh
1645
Alpbühelalm
1480
Kopf
Schichthals
1603
1400
1270
Burgaualm
1200
Buchauer Alm
1385
Burgaukopf
Schicht
Ebner Joch
1957
Martlspitze
1574
1000
Maurach
am Achensee
970
Astenau Alpe
1483
780

23. Hochiss, 2299 m

Weil sie so hoch iss ...

Ausgangspunkt: Buchau, 960 m | **Charakter:** Trittsicherheit und Schwindelfreiheit sind für Gipfelan- und abstieg erforderlich
Einkehr: Dalfazalm und Erfurter Hütte | **Karte:** KOMPASS Nr. 28

Schwer | 13,2 km | 1550 hm 1550 hm | 6:15 Std.

Die Route verläuft auf weiten Bereichen abseits der stark frequentierten Touristenwege, und wenn man früh aufbricht, kann man sich an einer stillen Bergwelt erfreuen. Lohnend ist die Bergwanderung auf den höchsten Rofangipfel nicht zuletzt wegen der ein-

Die Hochiss.

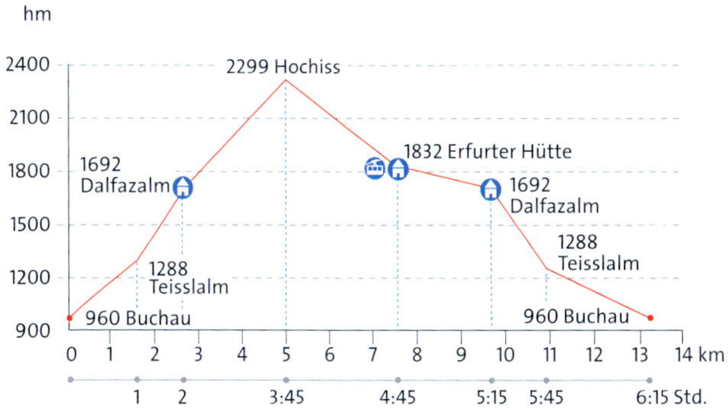

drucksvollen Rundblicke zu den Bergen des Rofans und des benachbarten Karwendelgebirges.

Hinter dem Hotel **Buchau** führt eine schmale Gemeindestraße vorbei, von der nach rechts ein asphaltierter Fahrweg abzweigt. Auf ihm hinauf und der Wegweisung durch einen Rechtsbogen des Fahrwegs folgen. Man kann nun immer der Markierung folgen oder gleich auf einen schmalen Bergweg einbiegen. Erst unter der **Teisslalm** weist das Wegschild bei der zweiten Abzweigung nach links auf den Bergweg hinauf, der in strammer Steigung anfangs im Wald, dann auf steilen Weideweisen zur kleinen Alm ansteigt. Der Weg verläuft immer in der Nähe der Materialseilbahn ziemlich mühsam bergwärts und flacht bei der Jausenstation **Dalfazalm**, 1692 m, ab. An der Alm geradeaus vorbei und im breiten Tal zwischen Dalfazer Wänden und den markanten Felsen zwischen Klobenjoch und Steinernem Törl (auch Kotalmtörl genannt) weiter.

Über dem Steinernen Törl schwenkt das Weglein rechts ab und führt auf einem groben Schotterweg steil zu einem Felsaufschwung. Vor ihm dreht es scharf links ab, wird lehmig (bei Nässe große Rutschgefahr!) und führt einem steilen Wiesenhang entlang und in den Sattel zwischen Streichkopf und Dalfazer Wänden (Streichkopfgatterl) hinauf. Den Kamm überqueren, ein wenig abwärts und in das Rote Klamml. Durch das rote Marmorgestein führt eine gut angelegte Steiganlage hinauf. Man kraxelt ein kurzes Stück steil hinauf und geht über steiniges Wiesengelände zum **Gipfel** weiter

Variante für den Abstieg: Vom Gipfel geht man zur ersten Wegverzweigung eine kurze Strecke auf dem Aufstiegsweg zurück. Dann biegt man links ab und folgt dem Pfad gegen Osten steil hinab. Das schmale Weglein führt nahe an eindrucksvolle Felsenwände heran.

Bergstation der Rofanseilbahn und Erfurter Hütte.

Der Pfad wendet sich gegen Süden, führt am Spieljoch vorbei, auf den markanten Gschöllkopf zu. Wer Lust hat, kann diesen Gipfel auf einem guten Weg in einer knappen halben Stunde noch mitnehmen. Der Wanderweg führt zur **Erfurter Hütte** und der Bergstation der Rofanseilbahn. Dort biegt man rechts ab und geht am Weg Richtung Dalfazalm gegen Westen weiter. Anfangs führt dieser entlang der Skipiste, leitet in den Wald hinein und kommt beim Startplatz für Gleitschirmflieger auf steile Wiesenhänge. Herrliche Blicke zum Achensee öffnen sich. Man quert die steilen Hänge unter der Rotspitze und schwenkt mit dem Wanderweg nach Nordwesten ab, bis er bei der **Dalfazalm** zum Aufstiegsweg stößt. Auf ihm geht man nach **Buchau** zurück. Wer mag, kann bei der **Teisslalm** gleich auf den Fahrweg einbiegen, der etwas flacher abfällt.

KOMPASS

0 350 m

1:35 000

24. Gschöllkopf, 2039 m

360°-Rundumsicht im Rofan

Ausgangspunkt: Maurach, Talstation der Rofanseilbahn, 980 m
Charakter: leichte Wanderung in prächtiger Berglandschaft
Einkehr: Buchauer Alm, Erfurter Hütte | **Karte:** KOMPASS Nr. 28

Leicht | 9,2 km | 1060 hm | 1060 hm | 5:15 Std.

Der Gschöllkopf.

Der Gschöllkopf ist ein völlig freistehender, schroff aufragender Gipfel mit einer bescheidenen Hochfläche aber einer tollen 360° Rundumsicht.

Der Gipfel kann auch bequem mit Hilfe einer Seilbahn von der Erfurter Hütte aus erreicht werden.

Von der **Talstation** der Rofanseilbahn geht man zum oberen Parkplatz und nach links auf die Skipiste. Dann geht es weiter auf der Skiabfahrt ein Stück hinauf, die Skitrasse queren und neben der

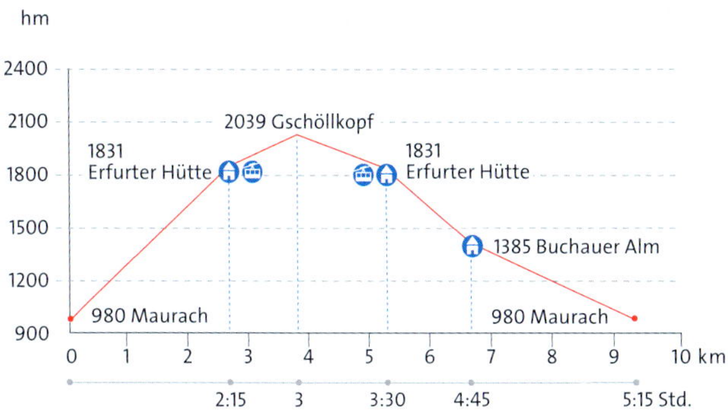

Piste zum Wanderweg hinüber. Auf ihm gemütlich am Waldrand entlang zu einer Brücke hinauf. Dort rechts halten und auf der Straße in Kehren durch den Wald aufsteigen. Vor der Jausenstation Buchauer Alm schwingt sich der Fahrweg deutlich auf. Man geht am Wirtshaus vorbei und zur Talstation des Skilifts.

Etwas über ihr zweigt unter der Seilbahn nach rechts ein Wanderweg ab, der durch eine schöne Berglandschaft zur **Bergstation** der Rofanseilbahn ansteigt. Von dort gegen Norden aufsteigen, an der Mauritz-Hochalm vorbei und bei der Routenverzweigung links.

Nach der Querung einer steilen Flanke kommt man zwischen Felsenblöcken wieder in flacheres Gelände. Dort knickt nach links der Gipfelanstieg zum **Gschöllkopf** ab. Er führt durch Latschenbuschwerk in vielen Kehren anfangs nach Westen, später gegen Süden zum höchsten Punkt hinauf.

Der Abstieg verläuft im Wesentlichen entlang der Aufstiegsroute.

KOMPASS INFO

Routenvarianten
Als Alternative kann man vom Gipfelfuß links herum absteigen und über einem ausgedehnten Tal den Westhang des Gschöllkopfs nach Süden queren, am Bergsee vorbeigehen und etwas links haltend zur Erfurter Hütte absteigen, wo die Aufstiegsroute erreicht wird.

Auch ab der Talstation des Lifts über der Buchauer Alm gibt es eine Abstiegsvariante, die die lange Fahrstraße meidet. Sie fällt westlich eines Bachgrabens im Wald nach Süden bis Maurach ab.

Marienstollen
(stillgelegt)
Schanzlgraben
Ebener
Blick
1100
Hochried
Pertisau
Kristall
Erlebniszentr. Tiroler
Steinöl Vitalberg
Tyrol
erg Museum
Karwendelbergbahn
(Sommerbetrieb)
Rodl-
hütte
Ländberg
Karwendel
1491
Zwölferkopf
Perchertal
Äußerer
-Hörndlgraben
Bärenbadalm
1457
Bärenbader Wald
Bärenkopf
1991
Am Filz
Weißenbachhütte
181
Brennten-
graben
Steiniger Graben
Bergkristall
Bannwald
Prälatenhaus
Buchau
Hubertus
930
Seespitz
1606
See

Seekarlsp
Spieljoch
Steinernes Tor
Dalfazjoch
Dalfazer Wände
Lange Gasse
Dalfazalm
1693
Dalfazer Roßkopf
2143
Gschöllkopf
2038
Adlerhorst
AIR ROFAN
Rotspitze
2067
Mauritzalm
Almstüberl
Teisslalm
Durrakreuz
Durrawand
V24
Erfurter Htt.
1834
Durraalm
1428
Weiße Wand
Buchauer Wasserfall
Häuserer Kopf
1636
Schichthals
1603
Buchauer Alm
1385
Rofangarten
Rofanseilbahn (Sommerbetrieb)
Alpenblick
24
Dampf-Zahnradbahn
Ebner Joch
1957
Maurach
am Achensee
970
Achenseer Museumswelt
Lärchenwiese
981
Eben
a. Achensee
964
Notburga-Museum
St. Notburga
Kirchenwirt
Notburga-Kapelle
Weißenbach-klamm
810
Haida
2192
2243
1978
2299
2261
2236
2246
2233

25. Haidachstellwand, 2192 m

Aufregende Gipfelüberschreitung

Ausgangspunkt: Maurach, Talstation der Rofanseilbahn, 980 m
Charakter: Nur der Klettersteig in Gipfelnähe verlangt Trittsicherheit und Schwindelfreiheit; der Rest ist einfach
Einkehr: Buchauer Alm, Erfurter Hütte | **Karte:** KOMPASS Nr. 28

Schwer | 13,5 km | 1250 hm 1250 hm | 6:30 Std.

Diese Rundtour führt durch eine eindrucksvolle Berglandschaft mit großartigen Ausblicken bis zum Alpenhauptkamm. Eine Abkürzung mit der Rofanseilbahn ist möglich.

Vom oberen **Parkplatz** bei der Seilbahn nach links auf die Skipiste, über sie hinauf, eine Straße queren und neben der Abfahrt am Waldrand weiter. Nach der Brücke rechts, auf der Fahrstraße dahin, an der Jausenstation **Buchauer Alm** vorbei und bis zur Talstation des Skilifts.

Gleich oberhalb der Talstation, unter der Seilbahn, an markierter Stelle rechts auf einen Wanderweg abzweigen und auf ihm bis kurz vor die **Bergstation** der Rofanseilbahn. Dort rechts abdrehen. Ein Bergpfad fällt nun gegen Osten leicht ab und bringt uns in die Westflanke der Haidachstellwand. Im freien Hang steigt der Pfad mäßig an und verzweigt sich. Rechts weiter und zu einem Grasrücken hinauf. Der Weg verläuft nach Norden in steiles, schrofiges Gelände.

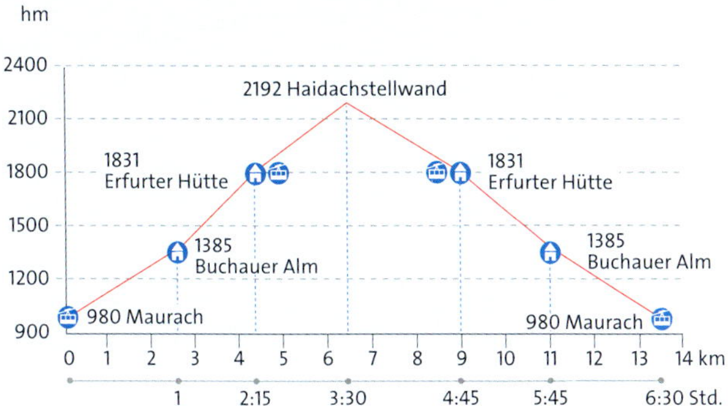

Dann kommt man zu einer kurzen, aber steilen Steiganlage. Über eine paar Krampen und am straffen Drahtseil geht es nun etwa 10 Höhenmeter luftig hinauf und gleich wieder gemütlicher weiter. Schließlich wird der breite Gipfelrücken erreicht, auf dem man zum **Kreuz** hinübergeht.

Der Abstieg führt vom Gipfelkreuz auf markierter Trittspur gegen Norden leicht abfallend dahin. Am Steinmann rechts abbiegen, in die wilde Ostflanke des Berges und den zerklüfteten Steilhang am breiten Weg gegen Norden queren.

Im Krahnsattel links abbiegen, zur Gruberlacke (Grubalacke) hinab und gegen Südwesten am Grubasteig zur Aufstiegsroute zurück. Auf ihr oder mit der Seilbahn nach **Maurach** zurück.

Die scharf geschnittene Haidachstellwand.

Breitgries
Jagdhtt.
2041
Klobenjoch
Haselbach
Brennten-
graben
181
Hechenberg
Steiniger Graben
Ebener
Blick
1100
Bergkristall
Bannwald
Teisslalm
Dalfazer
Wasserfall
Erlebniszentr. Tiroler
Steinöl Vitalberg
Weiße Wand
Buchauer
Wasserfall
Prälatenhaus
Buchau
(Sommerbetrieb)
Ländberg
Hubertus
930
Seecamping
Wimmer
Seespitz
Dampf-
Zahnradbahn
Seespitz
Seealm
Perchertal
ölferkopf
Bärenbader Wald
Karwendel-Camping
Achenseer
Museumswelt
Lärchenwiese
Bärenbadalm
1457
1606
Bärenkopf
981
1991
Weißenbach-
klamm
Am Filz

0 350 m

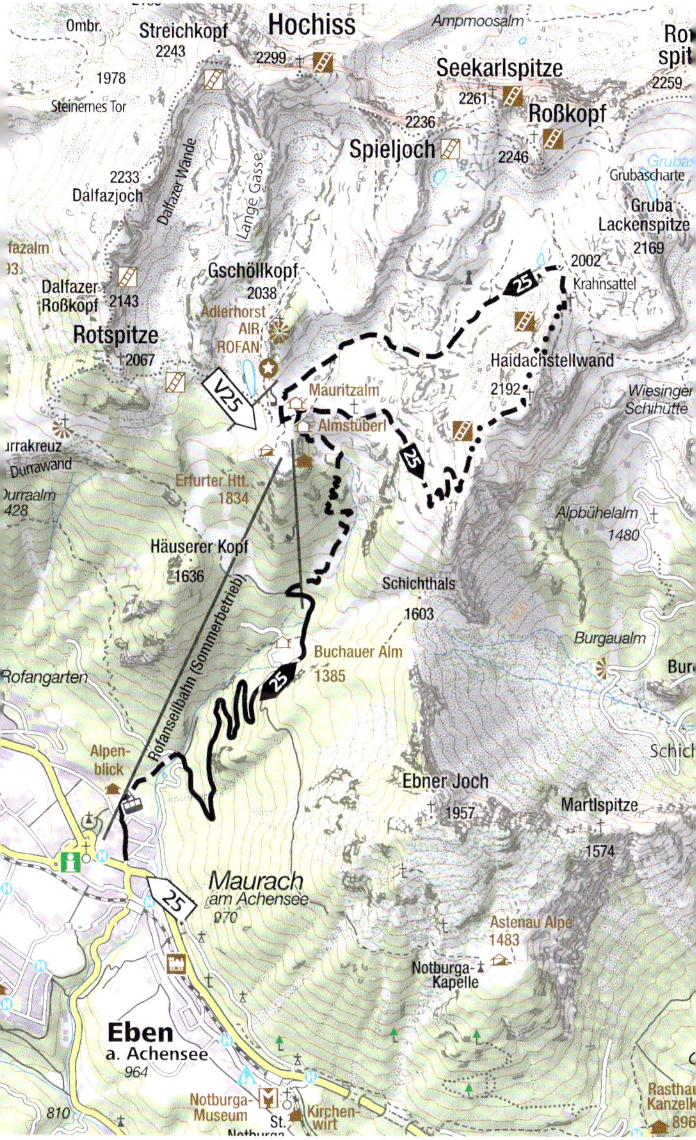
Hochiss
2299
Streichkopf
2243
Ombr.
1978
Steinernes Tor
Ampmoosalm
Seekarlspitze
2261
Roßkopf
2246
2236
Spieljoch
Grubascharte
Gruba
Lackenspitze
2169
2233
Dalfazjoch
Dalfazer Wände
Lange Gasse
Gschöllkopf
2038
Adlerhorst
AIR
ROFAN
Dalfazer
Roßkopf
2143
Rotspitze
2067
2002
Krahnsattel
Haidachstellwand
2192
Wiesinger
Schihütte
V25
Mauritzalm
Almstüberl
25
Erfurter Htt.
1834
Durrawand
Häuserer Kopf
1636
Alpbühelalm
1480
Schichthals
1603
Burgaualm
Rofanseilbahn (Sommerbetrieb)
Buchauer Alm
1385
Rofangarten
Alpen-
blick
Ebner Joch
1957
Martlspitze
1574
Maurach
am Achensee
970
Astenau Alpe
1483
Notburga-
Kapelle
Eben
a. Achensee
964
810
Notburga-
Museum
Kirchen-
wirt
Rasthaus
Kanzelkehre
896

1 : 35 000

26. Ebner Joch, 1957 m

Im Süden des Rofans

Ausgangspunkt: Eben, 980 m | **Charakter:** kurze, aber steile Wanderung auf einen beliebten Aussichtsberg
Einkehr: Astenaualm, Buchauer Alm | **Karte:** KOMPASS Nr. 28

Mittel | 10,6 km | 1000 hm 1000 hm | 4:45 Std.

Das von vielen Wanderern geschätzte Ebner Joch ist eine dem Rofangebirge südlich vorgelagerte Aussichtswarte. Der Berg schaut zwar kaum über die Latschengrenze hinaus, doch da der Gipfelaufbau steil ist und schroff aufragt, hat man rundum eine her-

Das Ebner Joch erhebt sich direkt über dem Achensee.

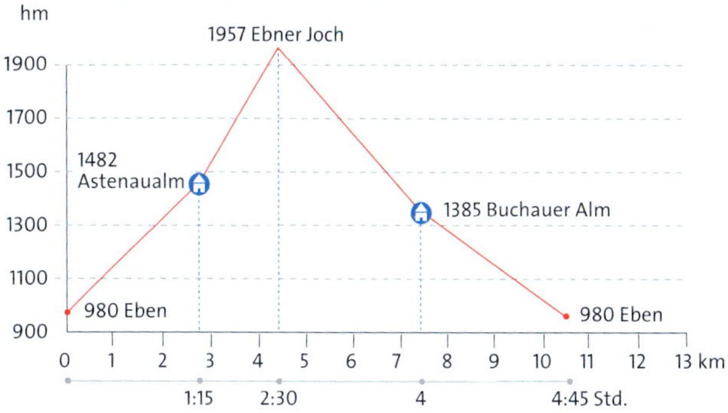

vorragende Aussicht. In der Nähe des **Parkplatzes** an der B 181 bei Eben beginnt ein beschilderter Steig. Er steigt im Wald steil gegen Nordosten an und mündet in einen guten Wanderweg. Dieser wendet sich gegen Osten und quert oberhalb der Lawinengalerie eine breite Lawinenbahn, die Stegerlahn. Nach einem längeren Anstieg im Wald dreht er gegen Norden zur Bergwirtschaft **Astenaualm** ab.

Man geht an der Jausenstation vorbei, quert eine Wiese und geht nach Nordwesten in Latschenbuschwerk hinein. Die Route schwingt sich deutlich auf, führt ein Stück ziemlich steil über Felsen und dann wieder durch Krummholz, ehe sie sich südlich des Gipfels gabelt. Dort rechts abdrehen und zuletzt wieder felsig, zum **Gipfelkreuz** hinauf. Bis zur Wegverzweigung oberhalb der Kirchspitze verläuft der Abstieg entlang der Aufstiegsroute. Bei ihr schwenkt der Abstiegsweg nach rechts und folgt dem Hubersteig gegen Norden unter markanten Felsenwänden. Der Pfad fällt stellenweise steil ab, führt in den Wald hinein und am Schichthals in eine breite, aber ziemlich steile Talmulde. Dort dreht man links ab und steigt gegen Westen bis zur Mauritzalm ab.

Bei der Alm geht es wieder links herum (nun gegen Süden) und in der Nähe der Liftstation zu einem Fahrweg. Auf ihm an der Jausenstation **Buchauer Alm** vorbei und bis zu einer scharfen Rechtskehre. Unterhalb dieser Kehre wird die Straße an deutlich beschilderter Stelle nach links verlassen. Ein Weg fällt im Wald zu einem Sträßchen (Kreuzweg) ab und führt schließlich zum **Ausgangspunkt** zurück.

KOMPASS

0 350 m

Dalfazer Roßkopf
2143
Gschöllkopf
2038
Adlerhorst
AIR ROFAN
Rotspitze
2067
Mauritzalm
Almstüberl
Haidachstellwand
2192
Durrakreuz
Durrawand
Durraalm
1428
Erfurter Htt.
1834
Häuserer Kopf
1636
Wand
Schichthals
1603
Buchauer Alm
1385
Rofangarten
Rofanseilbahn (Sommerbetrieb)
Alpenblick
Ebner Joch
1957
Maurach
am Achensee
970
Astenau Alpe
1483
Notburga-Kapelle
26
Eben
a. Achensee
964
810
Notburga-Museum
St. Notburga
Kirchenwirt
Zur Schönen Aussicht
181
Graben
Auf d. Ebnet
Kasbach
Kasbach
666
Jagdhaus
Jenbacher Rodelhütte
931
Café Rofan
Fischl
Rieder

1: 35 000

27. Schmalegger Joch, 1633 m

Spurensuche über dem Kaisertal

Ausgangspunkt: Kaiserhaus (Pinegg bei Brandenberg), 711 m
Charakter: selten begangene, stellenweise weglose und unmarkierte Route auf einen prächtigen Aussichtsberg
Einkehr: Kaiserhaus am Ausgangspunkt | **Karte:** KOMPASS Nr. 8

Mittel | 17,6 km | 950 hm 950 hm | 6 Std.

Es gibt keinen durchgehenden oder markierten Weg auf das prächtige Schmalegger Joch. Und doch bietet diese Wanderung ein Bergerlebnis vom Feinsten. Vor allem die wilde Kaiserklamm, durch die der Anstieg führt, begeistert die Bergfreunde schon gleich am Beginn der aussichtsreichen Tour, und weiter oben kommt man nach spannender Spurensuche auf alten Almsteigen auch zum Ausruhen immer wieder auf Forst- und Almwege.

Vom **Kaiserhaus** folgt man dem markierten Fahrweg Richtung Kaiserklamm und Erzherzog-Johann-Klause. Die Straße führt zu einer Brücke, wo es geradeaus in die bezaubernde Kaiserklamm hineingeht. Auf dem soliden Steig durch die Klamm neben der Brandenberger Ache, die gewaltige Auswaschungen im Fels verursacht hat. Vom Klammausgang auf gemütlichem Wanderweg neben dem breiten Wildbach fast eben nach Nordwesten weiter, zum Fahrweg hinauf und gleich darauf auf dem Trauersteg über die Brandenberger Ache. Vor markanten, roten Felsenwänden rechts auf einen Fahrweg einbiegen und diesem in geringem Gefälle folgen, bis nach links ein Straßenstich zur Wildfütterung ansteigt. Dort zweigt durch ein Brennnesselbiotop gegen Osten eine Wegspur ab. Der alte Almsteig wächst zwar immer mehr zu, ist aber gut zu finden.

Über dem wilden Ellegger Graben dreht er links ab und steigt durch einen Felseinschnitt gegen Westen an. Anschließend geht es ziemlich lange einem Felsenriegel entlang, wieder durch eine Kehre und einen Felsenspalt und im Wald dahin, bis schließlich die verfallene **Wernbachalm** erreicht ist.

Hinter der Alm geht es auf deutlichem Bergpfad nach Norden weiter, durch den Wernbachgraben und auf einen Fahrweg. Auf ihm gegen Norden weiter, bei der Ab-

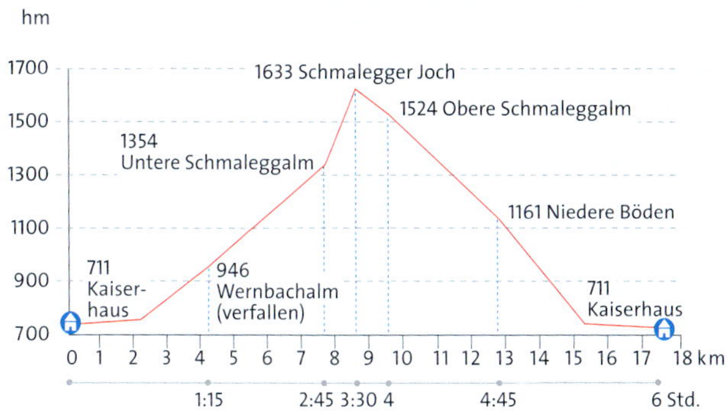

zweigung geradeaus, an der Diebslochjagdhütte vorbei und zur Straßenverzweigung am Rande der Niederen Böden. Dort rechts herum und einem Fahrweg lange gering ansteigend gegen Osten folgen. Am Waldrand, bei der Straßenverzweigung links weiter, am

Auf dem Schmalegger Joch präsentiert sich ein grandioses Panorama.

Wegkreuz vorbei und bei der folgenden Verzweigung rechts herum zur **Unteren Schmaleggalm**.

Von der Almhütte über einen Weidehang weglos an allen Almhütten vorbei, nach Norden steil hinauf und zum Gipfelrücken. Auf ihm rechts halten und durch eine großartige Berglandschaft zum **Gipfelkreuz** hinauf.

Der Abstieg führt über den Gipfelrücken gegen Westen zur **Oberen Schmaleggalm** hinunter. Dort nach links auf eine Straße einschwenken und dieser zur obersten Hütte der Unteren Schmaleggalm folgen. Rechts herum auf dem Fahrweg bleiben und auf ihm zur Aufstiegsroute hinab. Dieser bis zu den **Niederen Böden** folgen. Dort geradeaus weiter und in der ersten scharfen Rechtskehre der Straße nach links (gegen Süden) abbiegen. Nun am Rande einer von tiefen Schluchten und markanten Felsen geprägten Gegend im Wesentlichen nach Süden absteigen (Abkürzungsmöglichkeit auf alter, schwer erkennbarer Wegtrasse), bis schließlich der Trauersteg wieder erreicht ist. Von ihm auf dem Anstiegsweg neben der Brandenberger Ache und durch die Kaiserklamm zum **Kaiserhaus** zurück.

Farbenprächtiger Steinbrech.

KOMPASS

0 500 m Aufgrund der Tourlänge Maßstab 1 : 50 000

28. Voldöppberg, 1509 m

Die ungewöhnliche Route über das Jochmarterl

Ausgangspunkt: südlicher Ortseingang von Brandenberg, Talstation der Rodelbahn (Schönau-Platz), 922 m
Charakter: grundsätzlich leichte Wanderung, die aber stellenweise im weglosen Waldgelände etwas Orientierungsgabe voraussetzt | **Karte:** KOMPASS Nr. 28

Leicht | 9,75 km | 980 hm | 3:30 Std.

Genau genommen ist der Voldöppberg (auch Voldöpper Spitze genannt) ein eher unbedeutender Gipfel. Doch liegt er als Barriere zwischen dem Inntal und dem Brandenberger Tal und ist somit eine großartige Aussichtswarte, die es inzwischen zu gewissem Ruf unter Kennern gebracht hat.

Wie überall im Vorgebirge, ist auch der Voldöppberg mit Fahrstraßen erschlossen. Ganz wird man ihnen nicht auskommen, doch ist hier eine Route vorgeschlagen, die soweit möglich auf alte Almwege und Jägersteige ausweicht.

Vom **Ausgangspunkt** folgt man auf dem Bürgersteig der Fahrstraße gegen Osten. Unmittelbar vor der Linkskurve nach rechts auf den beschilderten Wald- und Höhenweg einbiegen (Privatstraße), gegen Osten am Waldrand weiter und Lifttrasse und Skiabfahrt queren.

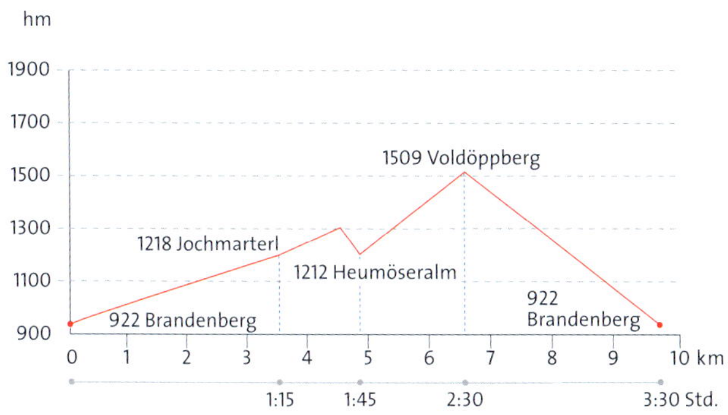

Hinter dem Wohnhaus beim Wegkreuz auf eine von links heraufkommende Fahrstraße schräg rechts einbiegen und zur Wegverzweigung weiter. Auch dort schräg nach rechts hinauf und im Wald dem Wald- und Höhenweg weiter folgen. Rund 150 m weiter vorne verzweigt sich der Weg wieder. Wieder nach rechts und auf relativ schmaler Fahrspur durch den Wald hinauf. Erst durch eine Rechtskehre, bald darauf durch eine Linkskehre und an den steilen felsigen Waldhang heran. Ab der Höhe von etwa 1035 m ein kurzes Stück auf schmalem Waldsteig weiter, bis wieder eine Fahrrampe erreicht wird. Sie fällt bald wieder ab, bis bei einem Holzplatz nach rechts der markierte Pfad zum Voldöppberg abzweigt. Er schlängelt sich mäßig steil durch den Bergwald hinauf und stößt auf der

Auf dem Voldöppberg.

Höhe von 1120 m wieder auf einen Fahrweg, dem man nach rechts folgt.

Nach zwei Straßenkehren zweigt der Aufstiegsweg an beschilderter Stelle nach links von der Straße ab. Gleich darauf wird ein Straßendreieck erreicht, wo es nach links (Richtung Zimmererkopf) weitergeht. Im breiten Waldhang steigt die Straße nur gering gegen Osten an, führt rund 200 m weit eben dahin und fällt dann sogar etwas ab. In einer nach links ausholenden Straßenkehre zweigt hinter einer alten Schranke nach rechts ein Holzziehweg ab. Auf ihm geradeaus nach Südosten zum **Jochmarterl**, 1218 m, hinauf.

Beim Marterl rechts halten, die markierte Route verlassen und auf einem Rückeweg gering ansteigend nach Südwesten weiter. Schon bald verjüngt sich dieser Holzziehweg zu einem schmalen, unmarkierten Bergpfad.

Bevor dieser rechts abdreht und wieder abfällt, links abzweigen und weitgehend weglos im Wesentlichen der Scheitelstrecke des breiten Waldrückens (Grenzmarkierungen) folgen. Von einem unscheinbaren Buckel, 1216 m, fällt der Grenzverlauf ein wenig mehr nach rechts durch eine Waldschneise ab. Ihr folgend wird eine Senke (Fahrspur) erreicht. Durch diese hindurch und wieder mehr links haltend dem folgenden Höhenzug entlang. An einem Tümpel (Hirschtränke) vorbei, und entlang den Grenzmarkierungen wird schließlich in der Nähe der **Heumöseralm** ein Fahrweg erreicht, der sich sogleich verzweigt. Dort rechts weiter und schon nach rund 30 m nach links dem markierten Wanderweg zum Voldöppberg folgen.

Zwei Mal quert der deutliche Wanderweg gegen Westen eine Straße. Die obere Straßenetappe ist als „Pensionistenweg“ bezeichnet. Die als „Abkürzung“ beschilderte Route schwingt sich auf einem Pfad steil auf, führt aus dem Wald heraus, wird noch steiler und erreicht über einer grünen Wiesensenke einen breiten Rücken. Neben den beiden Hütten rechts abzweigen und über den licht bewaldeten Gipfelkamm moderat ansteigend nach Südwesten weiter.

Zuerst wird der markante **Südgipfel** erreicht, wo es eine schöne Schau auf das Inntal gibt. Von ihm steigt man gegen Norden knapp 10 Höhenmeter ab und kommt zum weiten **Nordgipfel**, von dem sich die Blicke auf das Rofangebirge und die Brandenberger Alpen konzentrieren.

Anfangs steigt man entlang der Aufstiegsroute ab. Bei der zweiten Forststraßenquerung, noch über der Heumöseralm, verlässt man die Aufstiegsroute und folgt der Straße in sanftem Linksbogen durch den Wald zur Straßenverzweigung. Dort nach links (gegen Westen weiter).

Hinter einer Straßeneinmündung zweigt nach rechts an beschilderter Stelle ein alter, aber gut erhaltener Almweg in einen sehr steilen Berghang ab. Auf ihm anfangs etwas unbequem hinab und über tiefen Schluchten und neben steilen Felsenhängen in Kehren zur beleuchteten Rodelbahn hinab, die nach rechts zum **Ausgangspunkt** abfällt.

0 500 m Aufgrund der Tourlänge Maßstab 1 : 50 000

29. Kienberg, 1788 m

Über die Jocheralm

Ausgangspunkt: Brandenberg, Wanderparkplatz Inntalblick, östlich des Kinkhofs, 1158 m | **Charakter:** wenig durchgeführte Wanderung mit herrlicher Gipfelaussicht | **Einkehr:** Jocheralm
Karte: KOMPASS Nr. 28

Leicht | 9,5 km | 800 hm / 800 hm | 3:45 Std.

In letzter Zeit sind auch die einst so stillen Gipfel der Brandenberger Alpen von Wanderern entdeckt worden. Echte Geheimtipps, wie noch vor ein paar Jahren, gibt es dort nicht mehr. Doch sind die Berge rund um Brandenberg noch immer verhältnismäßig ruhig und

Großartiger Ausblick von Stegen in die Brandenberger Alpen mit Kienberg und Heuberg.

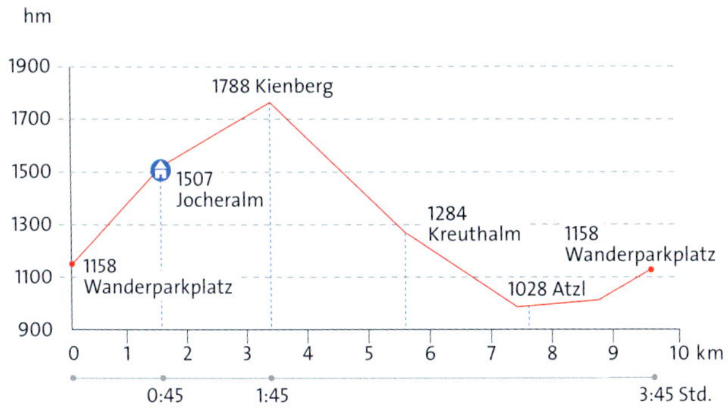

allemal einen Besuch wert. Zu diesen stillen Gipfeln, die man bisweilen noch alleine erobern kann und auf denen man sich an Ausblicken der Sonderklasse erfreuen darf, zählt der Kienberg, der viele Erweiterungsmöglichkeiten und Varianten anbietet, z.B. Heuberg, 1746 m oder Plessenberg, 1743 m.

Vom **Parkplatz** nach links zur Fahrstraße und auf ihr gegen Nordwesten, bis nach rechts der gut markierte Wanderweg gegen Nordosten abbiegt und im Wald ansteigt. Man erreicht weiter oben wieder den Fahrweg, geht durch eine Linkskehre auf der Straße und biegt dann wieder rechts ab, um im Wald mäßig steil in die Lichtung der Jocheralm anzusteigen.

Man geht an der **Jocheralm** vorbei und über eine Wiese nach links zur oberen Hütte hinauf. Von dort auf dem Wanderweg nach Norden weiter.

Südwestlich des Heubergs gabelt sich die Route. Bei der Wegverzweigung links weiter und über den langen Rücken gegen Nordwesten geradewegs zum **Kienberg** hinauf.

Man kann entlang der Aufstiegsroute absteigen. Viel schöner, aber weiter wäre der Rundweg vom Gipfel auf markiertem Wanderweg kurz nach Norden, dann links und nach Westen in einen Graben hinab. Anschließend folgt ein geringfügiger Gegenanstieg zu einem Rücken, dem man folgt, bis das Weglein scharf nach rechts abbiegt. Es fällt bis kurz vor die Einkehralm stark gegen Nordwesten ab.

Dort wird ein schöner, breiter Wanderweg erreicht. Auf ihm gegen Süden zur **Kreuthalm** hinab und auf einem Fahrweg nach Haidach. Von dort auf der Autostraße über **Atzl** mit einem Gegenanstieg von rund 130 Höhenmetern zum **Ausgangspunkt** zurück.

Reischer
838
820
Steinberger Ache
1128
Pinegg
675
Sägewerk
680
Gwercherwirt
Pittenbach
Wald
Aschauhörndl
1282
Prama
Wildmoossattel
1096
Wildmoos
1092
Arzberg
Jodlerwirt
Aschau
874
mahd
Ober
Rohregg
Unter
Haaser
Burgstallgraben
Stegerstall
828
Burgstall
896
662
Mühlbach
Tiefenbach-
klamm
649
Mühlegg
Tiefenbach-
klamm
Tiefenbach
Rinnerschwendt
Hubertus
961
Markstein
Ascherwirt
Neuwirt
Brandenberg
Tiefenbach-
klamm
Audörfl
(919)
Auer
916
KOMPASS
0
350 m

Hoher Nock
1497
Krumbachalm
Winterstube
1211
Einkehralm
1490
Einkehrboden
1468
29
1786
Kienberg
1743
Heubrandalm
Heuberg
Kreuthalm
1746
Haidach
1003
29
Jocheralm
29
1507
Moosen
Atzl
1070
29
Joch
Pumphaus
Winkel
Jocher
Kapelle
889
Urschlacht
Mühlbach
Zimmererkopf
1246
Perau
Antnerkapelle
Antner
1218

1 : 35 000

30. Köglhörndl, 1645 m und Hundsalmjoch, 1637 m

Besuch in der Hundsalm-Eishöhle

Ausgangspunkt: Hinterthiersee, Straßenverzweigung unter dem Wieshof, 960 m | **Charakter:** außer einem kurzen, seilgesicherten Stück leichte Wanderung, aber sehr weit
Einkehr: Wieshof am Ausgangspunkt | **Karte:** KOMPASS Nr. 8

Schwer | 15,7 km | 1100 hm / 1100 hm | 8 Std.

Neben der eindrucksvollen Schau vom langen Gipfelkamm, die in das tiefe Inntal besonders schön ist, finden wir auf der langen Route eine weitere Attraktion: die Hundsalm-Eishöhle.

Von der Straßenverzweigung (Wandertafeln) auf der Asphaltstraße zum **Wieshof** hinauf und bei ihm ein wenig rechts herum nach Modal weiter. Bei der dortigen Verzweigung geradeaus, am Hof rechts vorbei und anfangs abwärts am Waldrand entlang zur Straßenverzweigung. Bei ihr links halten und dem Wegweiser zum Köglhörndl folgen.

Bei der nächsten Verzweigung rechts durch den Wald weiter. Gleich darauf zweigt die Route nach links zum markierten Wanderweg ab. Wieder verzweigt sich die Aufstiegsstrecke, wo man rechts weitergehen muss. Anfangs auf einer neuen Forststraße und dann auf schmalem Pfad durch den Wald hinauf, bis eine Fahrtrasse erreicht wird. Etwa 30 Meter weit geht man nach links ein bisserl bergab und dann nach rechts auf einen Bergweg, der ziemlich steil durch dichten Wald ansteigt.

Schließlich kommt man aus dem Wald heraus und zur weiten Almfläche der **Köglalm**. An der ersten Hütte links vorbei, über freie Almwiesen zu einem Kreuz (mit Rastbank) und darüber in schönen Lärchenwald.

Nach strammem Anstieg kommt man auf den mit Latschen bewachsenen Gipfelgrat. Auf ihm links abbiegen und der Grathöhe folgend zum **Kreuz**. Von dort sind es noch knapp 10 Minuten gegen Nordosten zum unscheinbaren **Gipfel** des Köglhörndls.

Vom Gipfel folgt man der Aufstiegsroute, bleibt aber im Wesentlichen auf dem Gratrücken und geht auf ihm mehrmals auf und ab. Dabei geht es durch einige Schartl, aus denen steile Rinnen

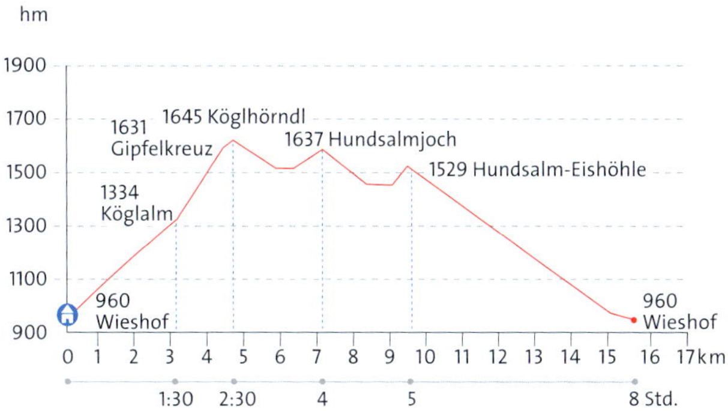

ins Inntal abfallen. Noch einmal an einem alten Holzkreuz vorbei, und beim Sattel vor dem Hundsalmjoch wird es am Rande steiler Felsenwände etwas pfiffig. Auf ein paar Meter fällt die Route im Fel-

Das Gipfelkreuz des Hundsalmjochs; über dem Inntal erhebt sich das Kaisergebirge.

senbereich enorm ab. Sie ist mit einem soliden Drahtseil gut gesichert.

Der Weg knickt einmal rechts ab, fällt gegen Norden ab und schon bald zweigt nach links eine Wegspur ab. Dort links und wieder auf den Grat. Anschließend steigt man zum **Hundsalmjoch** auf, dessen höchster Punkt ein paar Meter links des Weges liegt. Das noble, aufwendige Gipfelkreuz aus Edelstahl steht auf einem Gratvorsprung etwas abseits des höchsten Punktes. Von dort ist die Aussicht besonders schön.

Vom zweiten Gipfel entlang den Markierungszeichen entweder gleich gegen Westen durch Latschenbuschwerk und dann gegen Südwesten hinab, oder auf einem panoramareichen Bergweg erst nach Süden, dann in weitem Rechtsbogen nach Westen hinunter.

Zwischen dem Alpengasthof Buchacker und der Hundsalm wird in der Nähe eines Kreuzes eine Straße erreicht, von der an beschilderter Stelle der Weg zur Hundsalmer Eishöhle abzweigt. Auf ihm im Wald zur Eingangshütte der **Hundsalmer Eis- und Tropfsteinhöhle**.

Dort oben, auf 1529 m, kann man ab Mitte Mai an Wochenenden und Feiertagen eine Führung durch die Höhle buchen. Nachdem man aus der kühlen Höhle wieder herausgekommen ist, folgt man dem Wanderweg gegen Osten zur Köglalm, wo die Aufstiegsroute wieder erreicht wird. Auf ihr geht es im Großen und Ganzen zum **Ausgangspunkt** zurück.

KOMPASS HIGHLIGHT

Die Hundsalm-Eishöhle
wurde von Höhlenliebhabern ausgebaut und ist unter Führung ab Mitte Mai bis Oktober an Wochenenden zu besichtigen. Damit das Eis auch den Sommer über bleibt, kippen die Höhlenliebhaber jedes Frühjahr Schnee in die Höhle, und die Windschlitze haben sie mit Schnee zugemörtelt. Jetzt steigt in der 47 m tiefen Höhle die Temperatur auf kaum mehr als 0° an und es bilden sich sehenswerte, bizarre Eisgebilde. Am schönsten ist die Höhle Anfang Mai.

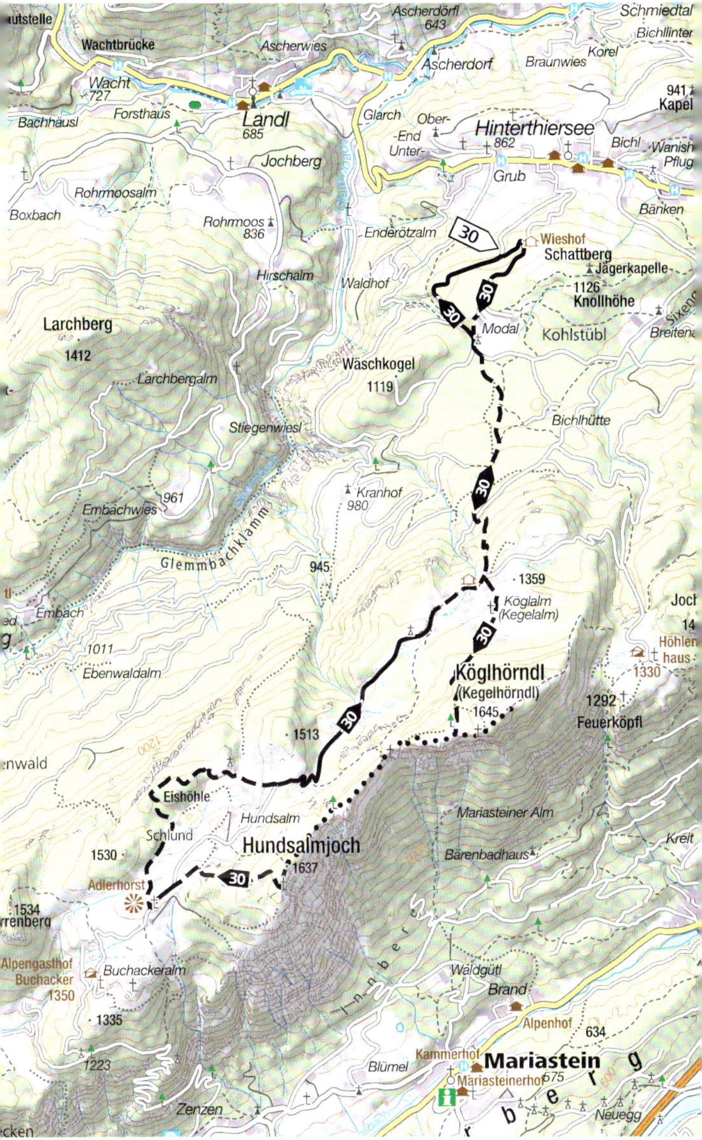

KOMPASS

0 500 m Aufgrund der Tourlänge Maßstab 1 : 50 000

Index